子どもの
身体の動きが
劇的に変わる

コーディネーション ゲーム 60

久保田浩史／佐藤愛子／丸山照晶 著

ベースボール・マガジン社

はじめに

自分たち独自の楽しみ方ができるのがコーディネーショントレーニングの魅力

子どもが楽しみながら、体力・運動能力を高めることができるプログラムを考案しました。著者らが専門とする運動は柔道です。柔道というと、投げ技・固め技というイメージが強いかもしれませんが、この本では、対人運動である、相手や自分の力が伝わる、転がる、立ち上がる、寝転がった姿勢で動く、バランスを保つ、などの柔道の特性や動きを活かしつつ、ゲーム要素を入れたプログラムを作成しています。そのため誰でも楽しく多様な動き、力の使い方を身につけられます。特に、転がる動作や寝姿勢での動作は、日

常生活やほかのスポーツではみられない柔道特有の動きです。上手に転がることができれば、不意に転倒した際でもケガをしにくくなります。

小学校体育の体つくり運動の中でも、中学、高校での柔道の授業の導入でも扱えるプログラムになっているため、ルールは目的や体力に応じてアレンジが可能です。それぞれの状況に応じて楽しめるように工夫してみてください。

著者一同

CONTENTS 目次

CONTENTS 目次

この本の使い方

ここで紹介するコーディネーショントレーニングで得られる効果、ねらいを説明します。このねらいを頭に入れて行ってみてください。

紹介するコーディネーショントレーニングの行い方は写真だけではなく、このQRコードから映像でも確認することができます。スマートフォンから読み込んでチェックしてみてください。

※QRコードは(株)デンソーウェーブの登録商標です

このトレーニングはどのように行うのか、注意点はどこにあるのか、どのような能力を養えるのかを説明します。

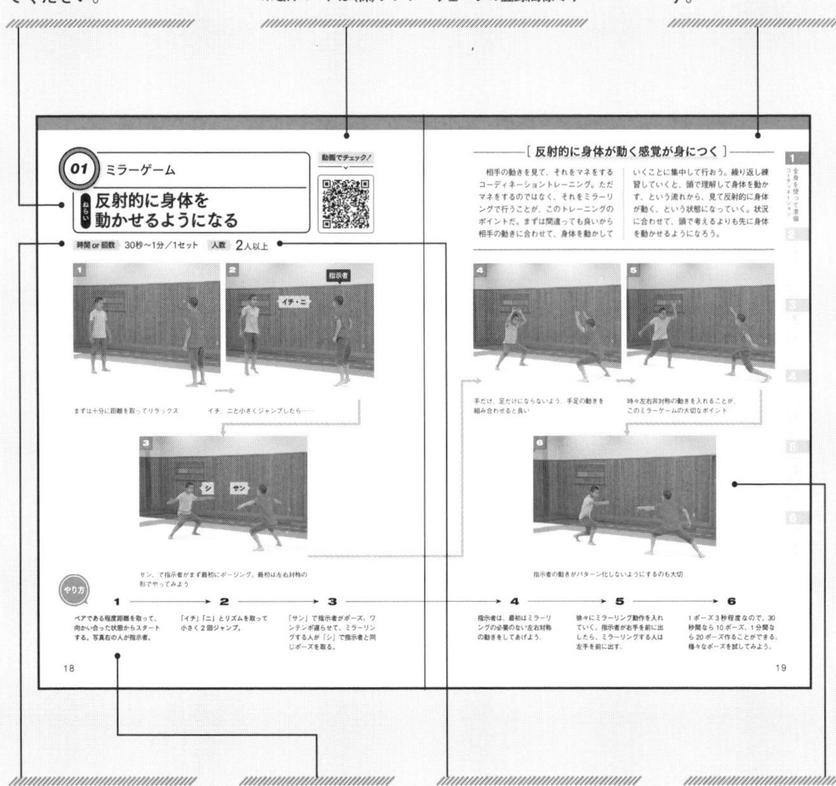

01 ミラーゲーム

ねらい 反射的に身体を動かせるようになる

動画でチェック！

時間 or 回数 30秒～1分／1セット 人数 2人以上

まずは十分に距離を取ってリラックス

イチ、ニと小さくジャンプしたら……

サン、で指示者がまず最初にポージング。最初は左右対称の形でやってみよう

[反射的に身体が動く感覚が身につく]

相手の動きを見て、それをマネをするコーディネーショントレーニング。ただマネをするのではなく、それをミラーリングで行うことが、このトレーニングのポイントだ。まずは間違っても良いから相手の動きに合わせて、身体を動かしていくことに集中して行おう。繰り返し練習していくと、頭で理解して身体を動かす、という流れから、見て反射的に身体が動く、という状態になっていく。状況に合わせて、頭で考えるよりも先に身体を動かせるようになろう。

1 全身を使って準備コーディネーション

手だけ、足だけにならないよう、手足の動きを組み合わせると良い

時々左右非対称の動きを入れることが、このミラーゲームの大切なポイント

指示者の動きがパターン化しないようにするのも大切

やり方

1 ペアである程度距離を取って、向かい合った状態からスタートする。写真右の人が指示者。

2 「イチ」「ニ」とリズムを取って小さく2回ジャンプ。

3 「サン」で指示者がポーズ。ワンテンポ遅らせて、ミラーリングする人が「シ」で指示者と同じポーズを取る。

4 指示者は、最初はミラーリングの必要のない左右対称の動きをしてあげよう。

5 徐々にミラーリング動作を入れていく。指示者が右手を前に出したら、ミラーリングする人は左手を前に出す。

6 1ポーズ3秒程度なので、30秒間なら10ポーズ、1分間なら20ポーズ作ることができる。様々なポーズを試してみよう。

18

19

トレーニングを行う時間や回数の目安です。ただ、必ずここに記載している時間や回数を守る必要はありません。自分たちの能力に応じて行いましょう。

具体的な方法を説明します。写真と番号がリンクしているので、写真の動きを確認しながら説明を読んでください。

このコーディネーショントレーニングを行うときの最低人数を記載しています。たとえば2人以上であれば、最低2人で行えて、3人でも4人でも行えるという意味です。

動きを連続写真で説明しています。注意点なども記載しているのでしっかり確認してください。映像と一緒に見ると分かりやすくなります。

※本書で紹介している方法やルールなどは、あくまでトレーニングを行う上での基本です。
特にルールや使う道具などは、自分たちで行いやすいようにアレンジしてください。

第0章

コーディネーション トレーニングの基礎

最初に知っておきたいのは、コーディネーショントレーニングでどのような能力が鍛えられるのか。１章から本格的に始まるコーディネーショントレーニングの基礎を学ぼう。また、この本で紹介するコーディネーショントレーニングで使用する道具も解説。

コーディネーショントレーニングで鍛えられる7つの能力と5つの工夫

コーディネーショントレーニングは運動能力を向上させる

　これから紹介していくのは、自分の身体を自由にコントロール、調整する能力を高めるためのトレーニング。まずはこのコーディネーショントレーニングで鍛えられる７つの能力を知っておこう。

1 リズム能力

ボールや相手の動きに合わせてタイミング良く身体を動かす力

2 バランス能力

身体のバランスを正しく保ち、崩れた体勢を素早く立て直す力

3 変換能力

状況の変化に応じて素早く動きを切り替える力

4 反応能力

音や動きを察知して素早く正確に動き出す力

5 連結能力

異なるいくつかの動きをつなげて、スムーズに身体を動かす力

力の加減をしながら道具や手足を思い通りに動かす力

ボールや相手との距離・空間など、自分との位置関係を把握する力

これらは特殊なものではなく、実は身体を動かすときに自然と使っている能力。これを鍛えておくと、運動能力が向上してスポーツが上手になるだけではない。普段の生活で転びにくくなったり、転んだとしてもケガをしにくくなったり、安全に身体を動かすことができるようになっていく。

さらに、コーディネーショントレーニングの効果を上げるためには、以下の【5つの工夫】が必要となる。

❶ 左右バランス良く行おう
片側だけに偏るとバランス感覚も悪くなり、身体の歪みにもつながる。偏りが出ないように注意して、左右バランス良く行う。

❷ 複数の動きを組み合わせよう
単純な動作だけではなく、足でお宝集めのように、「ケンケンする」、「お宝を足の指でつかむ」という、複数動作の組み合わせを意識しよう。

❸ 条件を変化させよう
手押し相撲も両足立ちだけではなく片足立ちも行ったり、引っ張り相撲のエリア分けに変化を加えたりすると効果的。

❹ 不規則な動きを取り入れよう
指示を出す人は、動きがパターン化しないように注意して指示を出そう。不意をつくような指示を出したほうが良い。

❺ 少しずつレベルアップしよう
両足立ちで行うものができたら、次は片足立ちでやってみるなど、難易度を上げたものにもチャレンジしていこう。

この本では、5つの工夫が盛り込まれた60種類のトレーニングを紹介する。バランス良くたくさんのトレーニングに挑戦することで、7つの能力をすべて向上させることができる。ぜひ友だちやお家の人と、楽しく遊ぶ感覚でやってみよう。

コーディネーショントレーニングで使う道具たちを知ろう！

01

フェイスタオル

引っ張り相撲やしっぽ取りバトル、じゃんけんタオル奪取、タオルを持ってバランス崩しなど、コーディネーショントレーニングには欠かせない道具の１つ。数枚用意しておくと、マーカーに使ったり、手合わせフォロー、お宝隠しなどでも使えるので便利。

バランスボール（小）

フェイスタオルに続いて、これはぜひ準備してもらいたい道具の１つ。投げたり弾ませたり、挟んだり抱えたり、コーディネーショントレーニングに欠かせない。100～300円程度で買える子ども用のエアーボール、ビニールボールなどでも問題なく使える。

次章から始まるコーディネーショントレーニングで使う道具たちを紹介。ほとんどは、タオルやビニール袋、ペットボトルなど、普段の生活で使っているものばかり。その道具がなかったときの代替品も紹介するので、指示されている道具がなかったときは、違うものを使ってやってみよう。

また、道具には硬さのあるものもある。そのようなものを使うときは安全に十分に配慮して行い、必ず保護者にそばにいてもらうようにしよう。

バランスボール（大）

大きいバランスボール。バランスボール相撲で使われる。相撲は２人でボールを持って行うので、身長に合わせてあまり大きすぎないボールを選ぼう。

03

テニスボール

04

軟式ボールやソフトボール（ビニール製）でも OK。足裏ボールころころで使用する。だいたい片手で握れる大きさの丸いものであれば問題ない。

コーディネーショントレーニングで使う道具たちを知ろう！

05 ミニコーン

サッカーなどで使われる、小さめのマーカー。動物歩きやマーカー奪取などで使う。エリアを決めたり、スタートやゴールの目印にも使える。ペットボトルなど、目印になるものであれば何でも代用OK。

06 棒

約1～2m程度の長さの棒。ただなかなか用意は難しいものでもあるので、棒を使うものはフェイスタオルを使って代用してもOK。

07 ペットボトル

足裏ボールころころで使われる。ペットボトルに少しだけ水を入れると安定するので、ミニコーンのマーカー代わりに使っても良い。500mlと2Lのもの両方あると便利。トレーニング中に飲むためのドリンクをそのまま使っても良い。

08 ヒモ（柔道衣などの帯）

だいたい2～3mくらいの長さのヒモ、もしくは柔道衣などの帯があると便利。S字ヒモ引きバランス崩しで使用する。バスタオルなどいくつか結んで使用したりするのも良い。

09 洗濯ばさみ

小さいものでも大きいものでもOK。洗濯ばさみ奪取で使う。洗濯ばさみ奪取では養生テープを使っても問題ない。

10 養生テープ

ビニールテープ、ガムテープよりもはがしやすくて便利なテープ。テープ貼り鬼ごっこで使う。色がついているほうが見て判断しやすい。

11 ミニタオル

お宝隠しでのお宝の役割を果たしたり、タオルでフォローなどで手合わせのときに使ったりする。小さい板を使った手合わせフォローのときの板がないときに使うのもOK。ミニコーンの代わりに目印として使っても良い。ハンカチでも代用可能。

12 ビニール袋

スーパーやコンビニなどで手に入るビニール袋でOK。ビニール袋ケンケンやバレーで使う。大きいビニール袋だと動きがゆっくりになるのでやりやすい。小さいほうが動きが不規則になり、少しだけ難しくなる。両方用意しておくと良い。

ルールは自分たちで変えてみよう！

自分たち独自の楽しみ方ができるのが
コーディネーショントレーニングの魅力

これから紹介するコーディネーショントレーニングにはルールはあるが、それに縛られず、自分たちで新しいルールを作り出してください。しっぽ取りバトルも、ただしっぽに見立てたタオルを取るだけではなく、右手だけを使うとか、ケンケンで行う、などの独自ルールを追加してもOK。ビニール袋ケンケンバレーも、自陣で触れるのは２回まで、などの制限をつけるのも面白い。特に勝敗を決めるものは、３回勝負だったり、５ポイント先取だったり、細かいルールは自分たちで決めてみましょう。

ここで紹介しているのは、すべてコーディネーショントレーニングの基本の部分。こんな動き、動作、ゲームをすると、このような能力が鍛えられます、という紹介です。ですので、自分たちがもっと楽しめる方法、もっと面白くなる方法を考えて、コーディネーショントレーニングを行うと、より効果があります。ぜひ、自分たち独自のルールでたくさんコーディネーショントレーニングを行って、運動能力を高め、スポーツを楽しみましょう！

第1章

全身を使って準備
コーディネーション

簡単な動作や複合的な動作を取り入れた、基本のコーディネーショントレーニングとして行いたいメニューを紹介。コーディネーショントレーニングで伸ばしたい７つの能力がどのようにして使われるかを全身を大きく動かして体感しよう。

01 ミラーゲーム

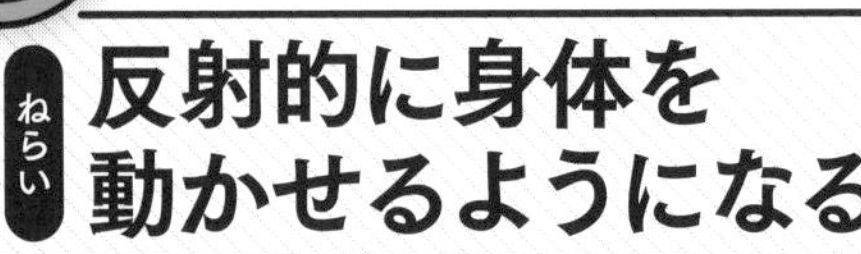

ねらい 反射的に身体を動かせるようになる

動画でチェック！

時間 or 回数 30秒〜1分／1セット **人数** 2人以上

まずは十分に距離を取ってリラックス

イチ、ニと小さくジャンプしたら……

サン、で指示者がまず最初にポージング。最初は左右対称の形でやってみよう

やり方

1

ペアである程度距離を取って、向かい合った状態からスタートする。写真右の人が指示者。

2

「イチ」「ニ」とリズムを取って小さく２回ジャンプ。

3

「サン」で指示者がポーズ。ワンテンポ遅らせて、ミラーリングする人が「シ」で指示者と同じポーズを取る。

[反射的に身体が動く感覚が身につく]

相手の動きを見て、それをマネをするコーディネーショントレーニング。ただマネをするのではなく、それをミラーリングで行うことが、このトレーニングのポイントだ。まずは間違っても良いから相手の動きに合わせて、身体を動かしていくことに集中して行おう。繰り返し練習していくと、頭で理解して身体を動かす、という流れから、見て反射的に身体が動く、という状態になっていく。状況に合わせて、頭で考えるよりも先に身体を動かせるようになろう。

手だけ、足だけにならないよう、手足の動きを組み合わせると良い

時々左右非対称の動きを入れることが、このミラーゲームの大切なポイント

指示者の動きがパターン化しないようにするのも大切

4

指示者は、最初はミラーリングの必要のない左右対称の動きをしてあげよう。

5

徐々にミラーリング動作を入れていく。指示者が右手を前に出したら、ミラーリングする人は左手を前に出す。

6

1 ポーズ 3 秒程度なので、30 秒間なら 10 ポーズ、1 分間なら 20 ポーズ作ることができる。様々なポーズを試してみよう。

ミラーゲーム(転がる)❶・❷

ねらい 安全に身体を動かせるようになる

動画でチェック!

時間 or 回数 30秒〜1分/1セット　人数 2人以上

大きく動くので、しっかりと距離を取ろう

指示者が前後左右に移動するのに合わせて動く

前に出たり、横に跳んだり、とにかく大きく全身を使って動くことを心がけて

後ろに転がるときは、ケガしないようにお尻をついてから背中をつける、という順番を守ること

やり方

❶-1 → **❶-2** → **❶-3** → **❶-4** →

❶-1 ペアで距離を取り、向かい合ってスタート。写真右の人が指示者。

❶-2 指示者が前後左右に移動する。それに合わせて同じように動く。

❶-3 指示者は同じ動きを繰り返すのではなく、いろいろな動きをする。

❶-4 次は全身を使ってただ前後左右に動くだけではなく、回ったり寝転んだり、後ろに転んだりする指示を与える。

[バランス感覚が身につくトレーニング]

01と同じように、相手の動きを見てマネをするトレーニング。01では手足の動き、身体の向きをいろいろ変えたが、今回はそれに加えて転がったり、うつ伏せになったり、仰向けになったり。全身を使った大きな動作を取り入れて行おう。見て理解し、素早く動くことを繰り返していくと、不意に転びそうになったときのケガをしない転がり方や倒れ方、バランスを崩したときに身体を立て直すようなバランス感覚、能力を養うことができる。最初から激しい動きを行うのではなく、徐々に動作を大きくしていこう。慣れてきたらボールを使いながら行うミラーゲーム（転がる）❷にもチャレンジしてみよう。

後ろに転がるだけではなく、うつ伏せになる動きも入れていこう

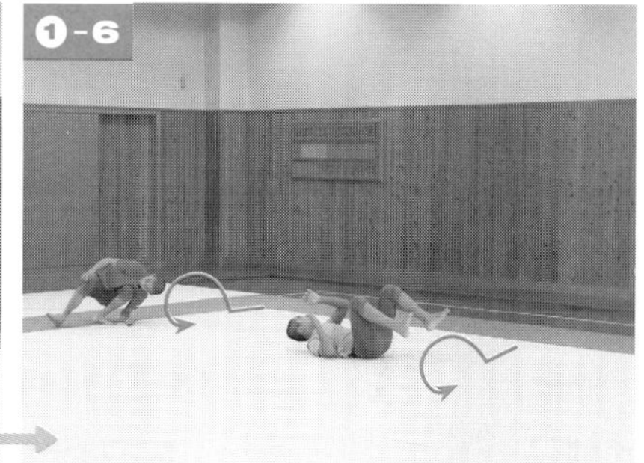

横に転がる動きも入れると、身体の捻り動作も入るので効果的

パターン化せず、いろいろな動きを織り交ぜて行おう

ボールを使いながら行う発展型のミラーゲーム（転がる）②にもチャレンジしよう

ミラーゲーム（転がる）❷を動画でチェック!

❶-5

うつ伏せになる動きも入れていこう。

❶-6

横に転がる動作も入れると、手足の単純な動きだけではなく、体幹の複雑な動きも取り入れられる。

❶-7

1ポーズ3秒程度で、約10ポーズ、指示を出す側で考えてみよう。慣れてきたら複雑な動きを入れるのもコツ。

03 じゃんけんぐるぐる❶・❷・❸

ねらい リズム感を身につける

動画でチェック！

時間 or 回数 1分／1セット もしくは5ポイント先取で勝ちなど　人数 2人以上

2人の距離を取ると、回る距離が長くなるので負荷が大きくなる

じゃんけんをして……

勝ったほうは静止したまま。負けたほうは勝ったほうの周りを1周する

スタート位置に戻ったら、またじゃんけんをして……

やり方

❶-1 → **❶-2** → **❶-3** → **❶-4** →

❶-1 じゃんけんぐるぐる❶はペアで距離を取り、向かい合った状態からスタート。

❶-2 その場でじゃんけんをする。勝ったほうはその場から動かない。

❶-3 負けたほうは、勝ったほうの周囲をぐるっと回って戻ってくる。パーで負けた場合はサイドステップ。

❶-4 再びスタート地点に戻ってきたら、もう一度じゃんけん。

※基本ルール：パーで負け＝サイドステップ、グーで負け＝両足ジャンプ、チョキで負け＝ケンケンで、勝者の周りを回る

[リズム感を身体に染みこませる]

じゃんけんをして、敗者が勝者の周りをぐるっと回って、またスタート位置に戻る動作を繰り返すトレーニング。じゃんけんを使ってゲーム要素を取り込むことで、単純な足の使い方、リズム感などを養っていく。

じゃんけんの敗者は、勝者の周りを回るとき、ただ走って回るのではなく、リズム感良く、飛び跳ねる動きを取り入れる。そのときは、できるだけ着地している時間を短く、素早く飛び跳ねよう。慣れてきたら、じゃんけん中も片足立ちで行うじゃんけんぐるぐる❷にもチャレンジ。

チョキを出して負けたほうは片足跳びでぐるっと回る

また戻ってきたら、もう一度じゃんけん

パーであいこの場合はサイドステップでお互いに回る

片足立ちで行う発展型のじゃんけんぐるぐる②にもチャレンジしよう

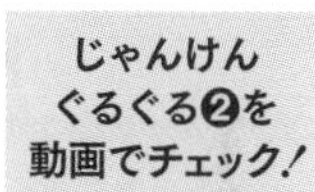

❶-5

チョキで負けた場合は、片足跳びでケンケンしながら勝ったほうの周りを回る。

❶-6

スタート地点に戻ったら、またじゃんけんをする。

❶-7

あいこの場合は手の形に応じてお互いに回る。パーならサイドステップ、チョキならケンケン、グーなら両足ジャンプなど決めておこう。

03 じゃんけんぐるぐる❶・❷・❸

EXでレベルアップ！ こんなのもやってみよう！

手でじゃんけんをするのは、普段からやっていることなので、勝敗を理解して素早く行動に移しやすい。そこで、少し複雑にするために足じゃんけんでやってみよう。両足を揃えたままならグー、左右に開くとパー、前後に開くとチョキ。手でやるよりも勝敗をすぐに頭で理解しにくく、効果的なコーディネーショントレーニングになる。

❸-1 じゃんけんぐるぐる❸

足じゃんけんで勝敗を決め、負けの足の形で勝者の周りを回る

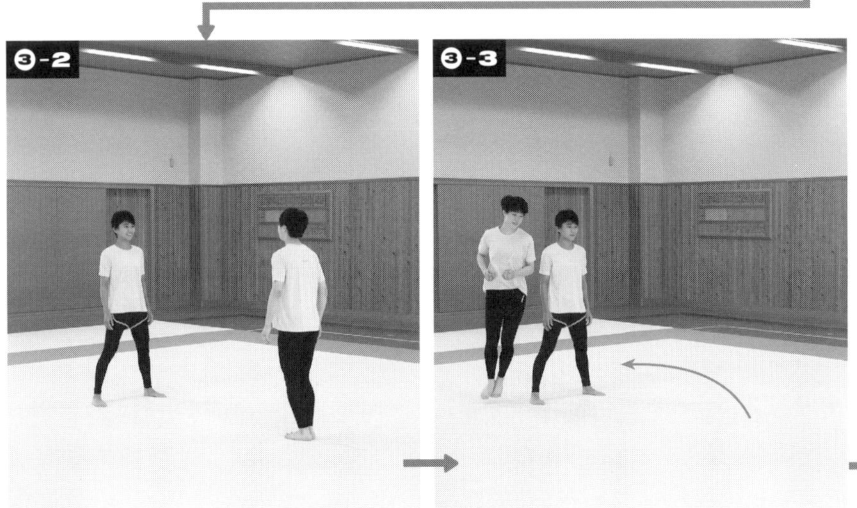

❸-2

足でじゃんけんをする。この場合だと、写真左がパー、右がグーなので、右の人の負け

❸-3

負けたら、勝ったほうの周囲を1周ぐるっと回る。グーで負けたので両足ジャンプ

やり方

❸-1 → **❸-2** → **❸-3**

❸-1 じゃんけんぐるぐる❸は足じゃんけんで勝敗を決め、負けの足の形で勝者の周りを回る。

❸-2 小さく小刻みに「イチ（じゃん）」「ニ（けん）」とジャンプして、「サン（ぽん）」で足じゃんけん。

❸-3 負けたほうは、手のじゃんけんと同じように、勝ったほうの周囲をぐるっと回る。

※基本ルール：パーで負け＝サイドステップ、グーで負け＝両足ジャンプ、チョキで負け＝チョキの足の形で、勝者の周りを回る

ねらい リズム感を身につける

❸-4

チョキで負けた場合は、チョキの足の形のまま進む。走ったり、歩いたりする動きを入れてもOK

戻ったら、足じゃんけん。お互いにグーなのであいこ

グーであいこの場合は両足ジャンプでお互いに回る。5回勝ったら終わり、などのルールでやるのもお勧め

足じゃんけんで行う
発展型のじゃんけん
ぐるぐる③にも
チャレンジしよう

じゃんけん
ぐるぐる❸を
動画でチェック!

❸-4 → ❸-5 → ❸-6

❸-4 瞬時に勝った、負けたを判断し、素早く次の行動に移すのがポイント。

❸-5 戻ってきてから、また足じゃんけんを行う。

❸-6 あいこの場合は足の形に応じてぐるっと周る。

※「最初はグー、じゃんけんぽん」の掛け声で、「イチ・ニ・サン、イチ・ニ・サン」のリズムでジャンプしながらするのも良い

04 進化じゃんけんぐるぐる

ねらい 日常生活にない動きで刺激を入れる

動画でチェック!

時間 or 回数 大人(立位)になった状態でじゃんけんに勝ったら終わり

人数 2人

向かい合った状態でうつ伏せになる。ここから大人まで進化していく

うつ伏せのままでじゃんけん。今回は勝ったほうが動く

負けたほうは進化せず。勝ったほうがうつ伏せのままほふく前進のようにして1周する

戻ったら、勝ったほうは一段階進化。四つん這いの姿勢になってじゃんけんをする

やり方

1. ペアで距離を取り、向かい合ってスタート。まずはうつ伏せ姿勢から。
2. うつ伏せの姿勢のままでじゃんけんをする。
3. 勝ったほうが、うつ伏せの姿勢のままで負けたほうの周りを1周する。
4. 戻ったら、勝ったほうは一段階進化してから、じゃんけん。

[普段使わない身体の動きを取り入れる]

基本のルールは、じゃんけんぐるぐると同じ。そこに、進化の過程というゲーム性を加えて行う。まずはうつ伏せからスタート。1回勝ったら、四つん這い、次はしゃがみ姿勢（子ども）、最後は大人（立位）。そして大人の状態でじゃんけんに勝ったら終了。特に日常生活では行わないうつ伏せ、四つん這い、しゃがみ姿勢での移動は、体幹や足腰をしっかり動かすので、身体に良い刺激が入る。負けたら1つ退化する、というルールを入れても面白い。

勝ったら、ハイハイをして負けたほうの周囲をぐるっと回る

四つん這いからさらに進化して、今度はしゃがみ姿勢になろう

しゃがみ姿勢で勝ったら、しゃがんだ状態のままで1周しよう

最後は立位で大人になって、勝利したら終了

→ **5** → **6** → **7** → **8**

5 勝ったら、四つん這いの姿勢からハイハイで1周する。

6 戻ったらまた一段階進化してしゃがみ姿勢になってじゃんけんする。

7 しゃがみ姿勢でまた1周して戻ったら、大人（立位）になってじゃんけん。

8 大人で勝ったら、負けたほうの周囲をぐるっと回って戻ったら終了。

05 じゃんけんタッチ体(たい)さばき

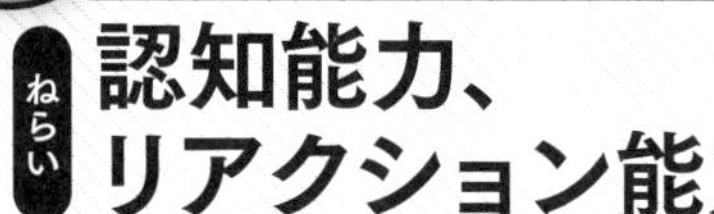

ねらい 認知能力、リアクション能力を養う

動画でチェック！

時間 or 回数 1分間／1セット もしくは5ポイント先取で勝ちなど　**人数** 2人

手を伸ばして届く距離で行おう

じゃんけんをして、勝敗を素早く判断したら……

勝ったほうは負けたほうの肩や腰、足をめがけて手を伸ばしてタッチ

負けたほうは触れられないように素早く身体をさばいてよけよう

やり方

1 → **2** → **3** → **4**

1. ペアで向かい合って立つ。手を伸ばして相手に届く距離で行う。
2. 向かい合ったままでじゃんけんをする。
3. 勝ったほうは手を伸ばして負けたほうの肩、腰、足のどこかに触れる。触れたら１ポイント獲得。
4. 負けたほうは、身体を引いて（体さばき）触れられないようによける。素早い状況判断が重要になる。

[素早い状況判断能力が鍛えられる]

基本ルールはじゃんけんシリーズと同じ。じゃんけん後の動きで、勝ったほうは手を伸ばして負けたほうの身体を触る。対して、負けたほうはそれを身体を横に向けて（体さばき）よける。触れたら1ポイントゲット。タッチする部位は、両肩、両足、両腰など、いろいろと変更して行おう。5ポイント先取したら勝ち、もしくは1分間連続して行うなどのルールでやってみよう。じゃんけん後、できるだけ素早く状況を判断し、身体を動かすのがポイント。

これを数回繰り返し、5ポイント先取したほうが勝ち、というゲーム性を入れるのも良い

勝ったほうの手と負けたほうの身体が衝突してケガのないように注意して行おう

足でタッチするバージョンで行うときは、距離を詰めてじゃんけんをして……

足を使って負けたほうの足にタッチ。蹴るのではなく、タッチすること

5 → **6**

一度、スタートポジションに戻ってから、じゃんけんから再スタート。

足を触りにきたら、負けたほうは素早く足を引いてよけるのがコツ。

7 → **8**

じゃんけんタッチ体さばきの進化バージョンとして足で行う場合は、少し距離を詰めて立つ。

勝ったほうは足で相手に触れる。蹴るのではなく、足で触る程度の動かし方を意識して行うのも大事なポイント。

固め技エクササイズ

ねらい 寝姿勢の運動で全身、特に体幹の力を養う

動画でチェック!

時間 or 回数 30秒〜1分間／1セット　人数 1人以上＋指示者

膝を曲げた状態で、仰向けになってスタートポジションを取る

指示者の指示通りの動きを素早く行う。ブリッジ右、という指示なら、写真のように行う

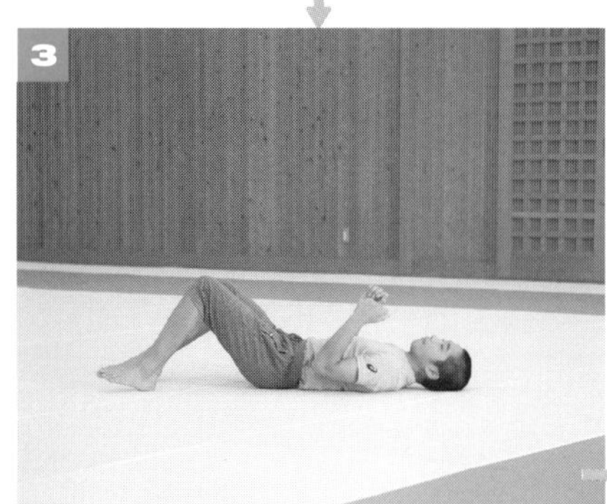

1回の動作が終わったら、必ずスタートポジションに戻ろう

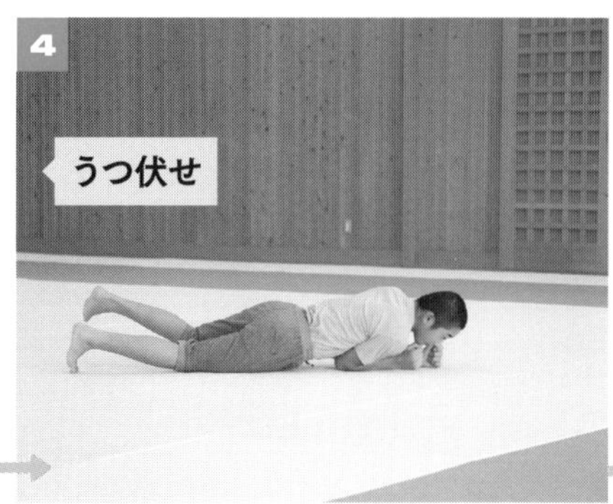

うつ伏せ、という指示なら、横向きに転がって素早くうつ伏せになる

やり方

1 → **2** → **3** → **4** →

1. 仰向けの状態からスタート。最初は指示を簡単に分かりやすくすることがコツ。
2. ブリッジ右の指示で、身体を軽く反らせて、左手で頭の上のほうの床をタッチする。
3. 一度指示が終わったら、また仰向けのスタートポジションに戻る。
4. うつ伏せの指示で、横にごろんと転がってうつ伏せになる。

[多様な動作で身体全体の力をつける]

仰向けに寝た状態から、指示者の指示に従って、腕や足、体幹など全身を使って身体を動かすトレーニング。合図に素早く反応して、その指示通りに対応して身体を動かす反射神経も鍛えられる。全身を使うので、腕や足、体幹などの部位ではなく、身体全身をくまなくバランス良く強くすることができる。指示者は様々な態勢を取らせることがコツ。「ブリッジ右」や「うつ伏せ」、「エビ」、「ブリッジ左」、「膝立ち右」といった指示を出し、その通りに動いていく。動作が分かりやすい指示を出してあげるのも大切なポイント。

エビ右、という指示なら、身体を素早く折り曲げて、エビが跳ねるような動作を意識して行ってみよう

スタートポジションに戻ったら……

ブリッジ左、の指示で身体を反らせて左側をタッチ。タッチするところに番号を振っておくのもOK

スタートポジションに戻る動作も、できる限り素早く行うと良い

5 エビの指示では、身体をグッと折り曲げて、エビが跳ねるような動きをイメージして行おう。

6 1つの動作が終わったら、スタートポジションに戻る。

7 ブリッジ左の指示で、右でやったときと同じように、身体を反らせて右手で床をタッチする。

8 たとえばタッチする場所に番号を振っておき、指示した番号の場所をタッチする、というやり方でもOK。

07 動物歩き❶・❷

ねらい 多様な身体動作を身につける

動画でチェック！

時間 or 回数 30秒〜1分／1セット もしくはスタートとゴール地点を指定して競争する

人数 1人以上

マーカーを置いて、スタート地点とゴール地点を決めたら……

イメージする生き物のスタイルになってスタート地点で構える

ライオンになりきって、スタート地点からゴール地点に向かって歩き出そう

本当にライオンが歩いているかのように、忠実に動きを再現することが大切

やり方

❶-1 → ❶-2 → ❶-3 → ❶-4

❶-1 マーカーを置いて、スタート地点とゴール地点を決める。

❶-2 イメージする動物になりきって準備。写真の例ではライオンをイメージして四つん這いになる。ライオンでは膝を床につかない。

❶-3 ライオンになりきって、スタート地点からゴール地点に向かってスタート。ただ四つん這いで動くのではなく、全身でライオンの動きをイメージして行おう。

❶-4 進む先のマーカーのところまで来たらゴール。２人で競争したり、タイムを競ったり、だるまさんが転んだをしたりするのもお勧め。

[多様な身体の動かし方を覚える]

様々な生き物をイメージした動きをして、身体の多様な動かし方を頭と身体で覚えるトレーニング。全身をくまなく使うので、全身の筋力アップに運動能力を高める効果がある。ライオンやワニ、クモ、カンガルー、エビなどを想定して、寝姿勢や、四つん這いなどの動きを行う。

たとえばライオンとワニは四つん這いで動く動物だが、ライオンなら膝をつかない四つん這いで行い、ワニなら身体をグッと地面に近づけて、上半身を左右にうねらせながら歩く。そういう細かい身体の動かし方にも注意して動きを忠実に再現して楽しもう。

ⓐ-1 ワニのイメージ

ワニをイメージするなら、ただの四つん這いではなくて、しっかりワニっぽいスタイルになろう

ⓐ-2

動き方も忠実に再現すると良い。身体の動かし方だけではなく、観察力も必要

ⓑ-1 クモのイメージ

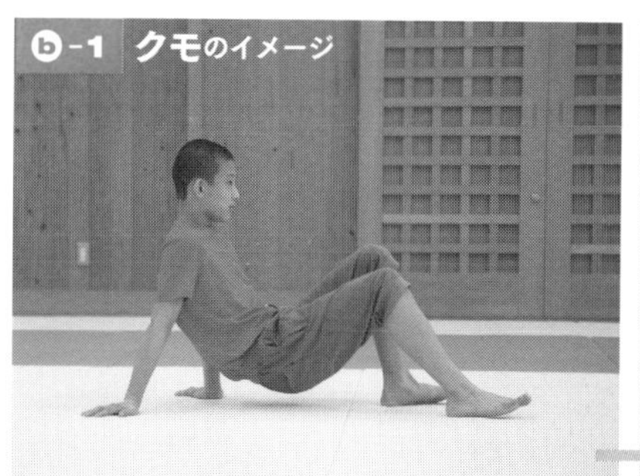

仰向けの状態から手足を着いてお尻を持ち上げてクモをイメージ

ⓑ-2

途中でお尻が着かないように。このスタイルは楽に見えて、体幹部分の筋肉をかなり使う

ⓐ-1 → ⓐ-2

ワニを想定するならば、身体を床にグッと近づけた状態からスタート。

上半身をうねらせるような動きも取り入れながら、床に身体が着かないように手足をうまく動かして前に進もう。

ⓑ-1 → ⓑ-2

クモを想定するときは、仰向けの状態から手と足を床についてお尻を持ち上げてスタート。

そのままお尻を床につけないようにして、手と足を使って足の方向に向かって進む。

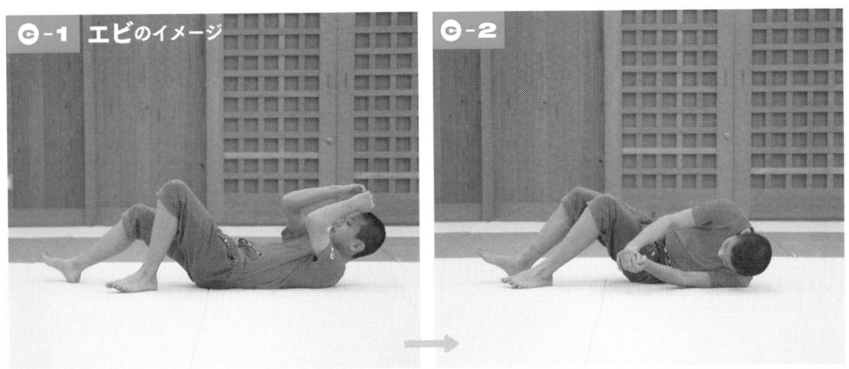

身体を伸ばしたところから、足で地面を蹴って上半身を勢いよく折り曲げて背中側に進むのがエビスタイル

最初はなかなか進めないかもしれないが、何度もチャレンジしてみよう

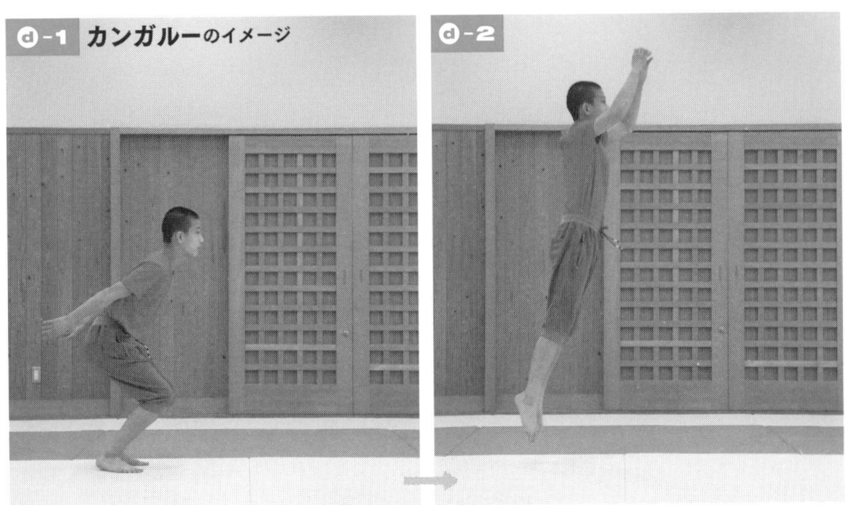

カンガルーを想定するときは、立った状態からグッと膝を曲げて……

両足で前方に向かって力強くジャンプ。カンガルーのように、バネのある下半身をイメージしよう

c-1 → c-2

c-1 エビをイメージするならば、仰向けになった状態から片方の膝を曲げて床に足をつける。

c-2 膝を曲げたほうの足を勢いよく伸ばして床を蹴り飛ばし、腹筋を使って上半身を折り曲げて背中側に進んでいく。

d-1 → d-2

d-1 カンガルーを想定するときは、思いきり垂直跳びするときくらい深く膝を曲げてジャンプする。

d-2 両足で前方に向かってジャンプして進んでいく。立ち幅跳びと同じ。

動物歩き②

コアラのイメージ ❷-1

まずは下の親コアラが四つん這いになってから、上の子コアラが背中に乗る

❷-2

最初はゆっくりで良いので、子コアラを落とさないことを一番に考えてやってみよう

亀バージョンは背中合わせで行うので、安全面を考えて行うこと。慌てず、ゆっくりバランスを取りながら一歩一歩進んでみよう

EXでレベルアップ！

動物の動き②もやってみよう！

２人１組になって、親子コアラや親子亀をイメージすると、負荷が大きくなってさらにトレーニング強度が増す。それだけではなく、背中に乗せたパートナーを落とさないようにバランスを取ることも必要になるので、全身の運動能力アップ、筋力アップに加え、全身のバランス感覚も鍛えることができる。

⚠注意

※バランスを崩すとケガの恐れもあるので無理はしないこと！　行うときも、大人に見てもらうなど十分に安全に留意して行うこと！

コアラの親子をイメージした動物歩きにもチャレンジしよう

動物歩き❷を動画でチェック！

やり方

❷-1 → **❷-2**

コアラをイメージするときは､親コアラ（下）と子コアラ（上）に分けて行う。

親コアラが子コアラをおんぶした状態で、四つん這いで進んでいこう。子コアラは上で落ちないようにバランスを取ることも大切なポイントだ。

❷-3

さらに難易度を上げて、亀をイメージ。親亀（下）は四つん這い、子亀（上）は背中の上で仰向けになる。親亀も子亀もバランスを取らないと、すぐに子亀が落ちてしまう。

コラム①

身体の調整能力を高める運動
それがコーディネーショントレーニング

昔は屋外で自由に様々な遊びをしてきました。かけっこや影踏み鬼、色鬼、かくれんぼ。さらにはボールを使ったドッジボールやキックベースなどなど。それらの遊びは、全身を使いました。さらに色鬼などは、指定された色をとっさに判断し、周囲の状況を把握し、探し、見つける。そして身体を動かしてその色のところまで走る。頭も身体も全部使って遊んでいましたよね。実は、これこそがコーディネーショントレーニングなのです。

コーディネーショントレーニングというのは、身体の運動能力、つまり運動を行うために脳が身体をどのように動かせば良いのかを指示する能力、コーディネーション能力を高めるトレーニングのことです。

なぜ速く走れないのか。走るという動作において、どのように足を動かしたら速く走れるのか、そのために上半身や腕をどう動かせば良いのか。その"方法"を脳が知らないので、筋肉に適切な指示を出せないということも要因の１つです。

つまり、速く走るための身体の動かし方、身体の使い方を知れば、誰でもより速く走ることができます。コーディネーショントレーニングとは、その基礎となる、自分の身体を自由に動かせる、自分の思い通りに手足を動かせるようになるための練習のことであり、誰にでもできることなのです。

第2章

相撲で コーディネーション

相撲は特にバランス能力を鍛えるのに最適な運動。そこにゲーム的な要素を加えて、身体だけではなく頭も使って複合的に行うことで、コーディネーション能力を伸ばしていこう。道具も使うので、識別能力を高めることもできる。

08 手押し相撲

ねらい 自分と相手のバランスの変化を感じる

動画でチェック！

時間 or 回数 1分／1セット もしくは3回勝負など **人数** 2人

２人で向かい合って立つ。足の幅は肩幅程度に開いておこう

相手を押すのに使って良い部位は、手の平だけ

押すだけではなく、相手が押したタイミングで手を引くのも手押し相撲のテクニック

やり方

1 ペアで、肘を軽く曲げた状態で２人の両手が合わさる距離で向かい合う。

2 手だけを使って、相手のバランスを崩す。

3 手で押す場所も、相手の手のみ。身体や肩、顔などを手で押すのはダメ。

[状況の変化に合わせて身体を動かす]

２人で向かい合って行う、力だけではなく、バランスや駆け引き、タイミングなども重要になるオーソドックスな手押し相撲。押されても倒れないようにバランスを保ったり、素早く立て直したりすることがこのトレーニングのポイント。たとえば押されて身体が倒れそうになっても、体幹に力を入れたり、手でバランスを取ったり、体重を前にかけたりすると、体勢を立て直すことができる。この感覚を体感し、身体で覚えることが非常に重要。

バランスが崩れても、体幹の力や手を動かしたりして体勢を整えよう。そのバランス力がこのトレーニングのポイント

大きくバランスが崩れたときは、ケガをしないように無理せず負けて良い

足が最初のポジションから動いたら負け。後ろに倒れ込まないように注意して行おう

→ **4** → **5** → **6**

4 倒れそうになっても、お腹に力を入れたり、手を大きく動かしてバランスを取ってみよう。

5 時間の制限を決めて行うと良い。また、先に３回勝ったほうが勝利、というのもあり。

6 足がその場から離れてしまった時点で、負けとなる。

蹲踞で手押し相撲

ねらい 安全に転がれる能力を身につける

動画でチェック！

時間 or 回数 1分／1セット もしくは3回勝負など　人数 2人

かかとの上にお尻を乗せるようにしてしゃがむ。これが蹲踞の姿勢

その状態のまま、手押し相撲を行ってみよう

座ったままで自分のバランスを崩さず、相手のバランスを崩すのは非常に難しい

やり方

1 → 2 → 3

1. ペアで蹲踞の姿勢を取り、膝がくっつくくらいの距離まで近づく。
2. その状態から、手の平だけで相手の手を押す、手押し相撲を行う。
3. かかとを上げてしゃがむ蹲踞の姿勢は、慣れていないとバランスが取りにくい。

[安全にケガのない転がり方を覚える]

08で紹介した手押し相撲を、かかとにお尻を乗せて、背筋をしっかりと伸ばしてしゃがんだ姿勢、相撲でいうところの蹲踞（そんきょ）の姿勢で行う手押し相撲。元々お尻や体幹下部に刺激が入る蹲踞の姿勢。その状態で、手押し相撲を行うことで、立位で行ったときと異なるバランス能力を養うことができる。もう1つポイントなのは、低い姿勢から転がる要素を加えることで、とっさの状況であっても頭を打たない、安全に転がる能力も身につく。

押されてバランスを崩しても、体幹や手を使ってバランスを取ってみよう

ダメなら後ろに転がる。頭を床につけないようにアゴを引いて転がるのがコツ。この動作を身体に覚え込ませよう

4

立って行う手押し相撲と異なるバランス感覚を養うことができる。

5

転がるときは、身体を丸め、頭を床にぶつけないようにアゴを引いて後ろに転がる。この動きを頭で考えずに自然にできるようになろう。

10 片足立ち手押し相撲

ねらい 不安定な状態でバランス能力を鍛える

動画でチェック！

時間 or 回数 1分／1セット もしくは3回勝ち抜け　人数 2人

リラックスした状態で、まずはそれぞれの手が届く距離で立とう

片足立ちになって、両手を合わせたところからスタートする

自分がされて嫌なことを想像しながらやると、うまく相手のバランスを崩すことができる

やり方

1 → 2 → 3

1. まずはペアで向かい合って、手が届く距離で立つ。
2. 片足立ちになって、両手の平を合わせたらスタート。
3. お互いに手を押したり引いたり、押す振りをしてだましたり。相手のバランスを崩す工夫をしよう。

[高いバランス能力を手に入れる]

両足で立つ手押し相撲の応用編が、この片足立ちで行う手押し相撲。単純に片足だけで立っていることも難しい中、そこに手押し相撲が加わることで、バランス能力を鍛えられる。

バランス能力とは、転びそうになったときや転んだとき、脳が身体にバランスを保つための指令を出し、それに身体が反応する力。こういったアンバランスな中で運動を行うことで、脳と身体が自然とバランス能力を養っていく。

力だけではなく、駆け引きも大事。押したり、引いたり、いろんな動きを取り入れよう

ぶつからないよう周りの安全を確認してから行おう

4

相手が押してきたときに、こちら側が手を引くのもテクニックの1つ。手を大きく動かすと、自分もバランスを崩しやすいので注意。

5

足が地面から動いたら、負け。手の平以外を押すのはダメ。手の平を押し合って行おう。

11 お尻相撲

動画でチェック！

ねらい 見えない動きを予測してバランスを取る

時間 or 回数 1分／1セット もしくは3回勝負など **人数** 2人

背中がくっつくくらいの距離で、背中合わせで立とう。目の前に何もないことを確認する

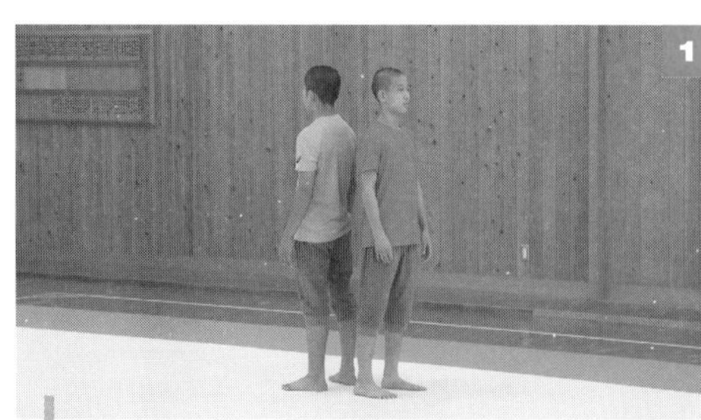

お尻だけを使って、相手を押してバランスを崩そう

押されたらお尻を引いたり、少し横に捻ってよけたり。相手の動きが見えない分、予測することも大切な要素の1つとなる

やり方

1 → **2** → **3**

1. 背中合わせの状態から、足1つ分ほど間をあけて立つ。
2. お尻だけを使って、相手のバランスを崩す。
3. お尻で押したり、逆に引いてよけてみたり。相手の動きが見えないため、予測しながらやってみよう。

[予期しない事態に素早く対応する]

手押し相撲をお尻で行うバージョン。背中合わせから少しだけ距離を取った状態でスタートし、お尻だけを使って相手のバランスを崩す。相手の動きが見えないので、相手の動きを読んだり、予測したりしながら行おう。単純にお尻で押すだけではなく、引いてよけてみたり、横にお尻をずらしてみたり。いろいろな動きをやってみるのも良い。単にバランス能力を鍛えるだけではなく、自分が予測しない事態になったときでも、素早く体勢を整え、バランスを保つ瞬発的な反応や能力を養うことができる。

バランスが崩れそうになったら、手でバランスを取ったり、体幹を使って身体を安定させたりして、足が動かないように踏ん張ろう

前に倒れそうになったら足を前に踏み出して倒れないようにしよう。それもこのトレーニングで養いたい感覚の1つ

4

足がスタートポジションから動いたら負けなので、体勢が崩れそうになったら、身体を使って足が動かないようにバランスを取ろう。

5

倒れそうになったときに足を前に素早く出して転ばないようにするのも、ここで学びたい大切な身体の動き。

12 ひよこ相撲

ねらい 制限がある中でバランス能力を養う

動画でチェック!

時間 or 回数 1分/1セット もしくは3回勝負など **人数** 2人

蹲踞の姿勢を取ってから、自分の足首をしっかり持つ

お互いに身体をぶつけ合う。頭がぶつかったり、肩を顔にぶつけたりしないようにする

身体全体を使って、相手を押し出すのもこのひよこ相撲のテクニックの1つ

転がってしまったら負け。頭を床にぶつけないように、アゴを引いて背中を丸めるのを忘れない

やり方

1 エリアを決めて、その中で蹲踞の姿勢から、自分の足首を手で持つ。

2 その状態を崩さず、相手と身体をぶつけ合って相撲をとる。手が足首から離れないように注意して行おう。

3 押したり、よけたりしながら相手をエリア外に押し出したり、転ばせたりする。

4 転んだら負け。蹲踞で手押し相撲と同じように、転んだときは頭をぶつけないように丸まろう。

[動きにくい状態でもバランスを保つ]

動くエリアを決めて、その中で蹲踞の姿勢を取って、自分の足首を手で持った状態（ひよこ）で相撲を行う。エリアから出たり、倒されたり、手が足首から離れたりすると負け。蹲踞の姿勢で動くので、足首の柔らかさも身につけられる。身体同士をぶつけ合って、倒れないように踏ん張ったりバランスを取ったりしながらやろう。動きに制限がある中でも、どうやれば自分がバランスを保つことができるのか。どうすれば相手に効率良く力を伝えることができるか。状況の変化に合わせて動きを素早く切り替えながら行うのがコツ。

制限がある中で、いかに素早く、思い通りに身体を動かせるかがポイント

押すだけではなく、相手が押してきたタイミングで身体を引いてよけてみよう。きっと相手はバランスを崩すはず

エリアから出てしまったら負け。最初はエリアを小さく設定してやってみよう

前に倒れそうになったら、無理はせず、足首から手を離して素早く前に手をつこう

→ 5 → 6 → 7 → 8

5 勝敗が１つついたら、仕切り直し。肩が顔にぶつからないように注意して行おう。

6 相手の動きを予測して、押すだけではなく、引いてよけるのもこのひよこ相撲の大きなポイント。

7 エリアから出たり、手が足首から離れても負け。

8 もちろん、床に手をついてしまっても負け。動きに制限がある中でも、うまくバランスを取ってやってみよう。

13 足相撲

ねらい 日常にはない動きで体幹を鍛える

時間 or 回数 1分／1セット もしくは3回勝負など　人数 2人

膝を曲げて座り、お互いの足が届くくらいの距離を取る

手と足を床から離して、お尻を支点にして足で押し合う

お尻を支点にバランスを取るのはなかなか難しい。お腹に力を入れてやってみよう

やり方

1 → 2 → 3

1. 膝を曲げて向かい合い、お互いの足がくっつくくらいの距離で座る。このときは手も足も床につけていてもOK。
2. スタートの合図で手と足を床から離し、お尻を支点にバランスを取りながら、足で相撲をとる。
3. 足の裏で押し合ったり、引いたりして相手のバランスを崩す。

[寝姿勢でバランスを取って腹筋を鍛える]

軽く膝を曲げた状態でお互いの足の裏を合わせることができる距離で、向かい合って座る。スタートの合図で手と足を床から離して、お尻だけを床につけた状態で手押し相撲と同じ要領で、足を使って相撲をとる。バランスを崩して、お尻以外の部分、背中や手、足が床についたら負け。お尻を支点にして足を動かすには、腹筋を使って身体全体のバランスを取ることが大切。遊びながら身体の根幹である腹筋を鍛えて、バランス感覚も養うことができる。

手押し相撲と同じように、相手の攻撃をよけるのもひとつのテクニック

お尻以外の手、足、背中などの部分が床についたら負け

難しい場合は、片手をついた状態で行うのもお勧め

4

足を開いて相手の攻撃をよけるのもあり。このとき、自分のバランスが崩れないように注意するのもポイント。

5

お尻以外の手、足、背中などが床についたら負け。このとき、アゴを引いて頭を床につけないことを忘れないように。

6

もし両手両足を浮かせた状態では難しかったら、片手だけを床につけても OK、というルールにしても良い。

14 片足立ち相撲

ねらい バランス能力に加えて足力も鍛える

動画でチェック！

時間 or 回数 1分／1セット もしくは3回勝負 **人数** 2人

まずは２人で向かい合って、約1m程度の幅で立つ

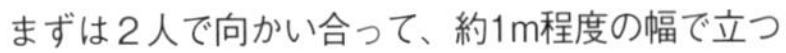

片足立ちになり、お互いの足をつけた状態からスタート

足のみで押したり力を抜いたりして、相手のバランスを崩そう

立っているほうの足が地面から離れ、動いてしまったら負け

やり方

1 約1m程度離れたところで向かい合って立つ。離れすぎると足が届かないので気をつけて。

2 片足立ちになって、浮かせている足同士をくっつけてスタートする。

3 足を引いて相手の攻撃をかわしてもOK。相手の足を押してバランスを崩す。

4 立っている側の足が動いたら負け。バランス能力に加え、片脚で踏ん張る力も大切な要素になる。

[足の力も鍛えられるバランストレーニング]

片足立ちになって、浮かせている足同士を合わせたところからスタートして、自分のバランスを保ちながら相手のバランスを崩す。軸になっている足が床から移動したり、浮かせている足が着地したりすると負け。片足立ちで自分がバランスを取りながら、相手のバランスを崩す、高いレベルのバランス能力が求められる。駆け引きを楽しみながら、バランスを取るときの身体の使い方を覚えていこう。

ふくらはぎの外側を合わせて行うのも良い

軸になっている足が移動してもOKというルールに変更することも可能。相手の足を蹴らないように行おう

5

相撲をとる足をくっつける場所は変えても OK。ふくらはぎの外側を使うと、主に脚の外側の筋肉が使われる。

6

ふくらはぎの内側をくっつけて行うと、内転筋など、普段はあまり意識しない脚の内側の筋肉も使うことができる。

15 片足ケンケン相撲

ねらい 洞察力とバランス能力の2つを養う

動画でチェック！

時間 or 回数 3回勝負など **人数** 2人以上

1 相撲をとるエリアは、だいたい畳2枚程度の大きさでOK

2 エリアの端からスタート。ケンケンをして相手に近づいていく

3 身体をぶつけ合って相撲をとる。手は使わず、身体全体を相手にぶつけていこう

やり方

1 エリアを決めて、その中でペアになって行う。

2 片足立ちになって、腕を組んだ状態でスタート。

3 ケンケンをしながら、身体をぶつけ合って相撲をとる。

[相手の動きを見て動ける力を身につける]

バランス能力はもちろんのこと、相手の動きを観察し、読み、それに対応して当たったりよけたりする、いわゆる洞察力も必要とされる。腕組みをした状態で片足立ちになって、決めたエリアの中で相撲を行う。両足が床についてしまったり、エリア外に出てしまったら負け。自分がバランスを崩さないようにしながら、相手の動きを見て攻防することで、ただバランス能力を鍛えるだけではなく、力の使い方やとっさの素早い判断能力なども身につけられるようになる。

4

強く当たりすぎないように注意しよう

5

相手の状況を判断し、どうしたら相手のバランスを崩せるのかを考えながらやってみよう

6

両足をつかないように踏ん張ることも大事だが、バランスを保てなくなったら、浮かせている足を着地させよう

→ 4 → 5 → 6

相手の状況に応じて、どのように動いたら良いか素早く判断しよう。洞察力と状況判断能力も養われる。

相手とぶつかることにより自分のバランスが崩れるが、体勢を立て直す。これによりバランス能力が鍛えられる。

エリアの外に出てしまったり、両足が床についてしまったら負け。1対1だけではなく、複数人でサバイバル方式で行っても良い。

組み相撲

ねらい 駆け引きの中で力強さ、バランス能力を養う

動画でチェック！

時間 or 回数 3回勝負など　人数 2人

エリアは狭いほうが早く勝負がつきやすい

組み合った状態からスタート。自分の右胸と相手の左胸をくっつけるようにして組もう

その状態から押したり、引いたりして相手のバランスを崩す

やり方

1

エリアを決めて、その中でペアになって行う。

2

相手の背中にタオルを回し、それを両手でしっかりと握って組んだ状態からスタート。

3

身体を密着させた状態のまま、押したり引いたり、相手のバランスを崩す。どうすれば自分のバランスを保つことができるのかも感じ取りながら行おう。

[駆け引きしながら、力強さ、バランス能力を鍛える]

自分自身のバランスを保ちながら、相手に自分の力を伝えてバランスを崩したり、崩されそうになったら身体の位置を入れ替えて倒されないようにしたりする。バランス能力と同時に、自分の力を相手に伝えるためにはどうすれば良いか、バランスを崩さずに踏ん張るためにはどうすれば良いかを頭と身体で理解できるようになる。エリアは狭いほうが、1回のトレーニングの時間が短くなるので効果的。もし、体力のあるもの同士で安全に行うことができるのであれば投げ技を取り入れてもOK。

自分のバランスを崩さないように、しっかりと腰を落として踏ん張ることも大切

エリアから出たら負け。押すだけではなく、身体を横にずらしたり、相手と位置を入れ替えるように動いたり、いろいろやってみよう

タオルを握る位置を調節して、両手の距離を近くすると密着度が高まり、より相手に力が伝わる

→ **4** → **5** → **6**

4 反対に、相手の体勢をどうすれば崩せるのかも考えながら力の出し入れを学んでいこう。

5 エリアから出てしまったら負け。最初は投げはなしで、押したり引いたりしてエリア外に出すようにして行おう。

6 もし体力があり、安全に留意して行えるなら投げ技を入れても良い。ただし、力任せに行わないこと。

17 体幹相撲

ねらい バランス能力と相手の力をいなす感覚を覚える

動画でチェック！

時間 or 回数 3回勝負など　人数 2人

エリアを決めたら、ペアでそのエリアの中に入ろう

手を使わないように、後ろで軽く手を組もう

右胸同士をつけたところから、相撲のとり組み開始

やり方

1 → 2 → 3

1. まずは相撲をとるエリアを決める。
2. 体幹相撲は手を使わないので、両手を後ろ手で組んでおこう。
3. お互いの右胸をつけた状態からスタート。

[相手と組まないことで駆け引きが覚えやすい]

手を使わないで相撲をとる。手は後ろで組んで、お互いの右胸をつけた状態からスタートする。組み相撲は力の使い方や自分がバランスを取る踏ん張り方などを学べたが、それに加えて、相手の攻撃をいなすような、身体の動かし方、使い方を覚え込ませることができる。ただ押すだけでは相手は崩れないので、うまく相手の力を使うことで、自分のバランスを崩すことなく、相手の体勢を崩すことを考えよう。

肩で相手を叩いたり、飛びかかったりしないようにしよう。身体を押しつけながら行うイメージ

身体を横に捻って、相手の攻撃をいなすのもテクニック

エリアから出ないように踏ん張る力も必要。身長体重が同じくらいのペアで行うと良い

→ **4** → **5** → **6**

4 肩や身体でぶつかり合うのではなく、接したところから押したり引いたりするようにしよう。

5 相手の攻撃を身体を引いてよけるのも１つのテクニック。

6 エリアから出てしまったら、負け。倒れそうになったら無理はせず、身体を守ろう。

18 引っ張り相撲❶・❷

ねらい バランス能力に加え引く力も養える

動画でチェック！

時間 or 回数 3回勝負など　人数 2人

タオルの両端を持って、タオルがたるまない距離で立とう

合図でスタートして、お互いにタオルを引き合う。両手一緒ではなく、右手、左手の異なる動きで引っ張るのもテクニックの1つ

足がその場から動いてしまったら負け。踏ん張るコツ、力強く相手を引くコツをつかもう

やり方

❶-1 → **❶-2** → **❶-3**

❶-1 タオルがたるまない程度の距離を開けて、両手にタオルを持って立つ。

❶-2 その場から足が動かないようにしながら、相手を引き合う。足を前後させないで、揃えて行うほうがバランスの駆け引きの要素が増す。

❶-3 足が動いたら負け。体重をうまく後ろにかけたり、そのタイミングでタオルを緩めたりといった駆け引きも大事なポイント。

[自分がいる位置を把握する能力も身につく]

自分のバランスを保ちながら駆け引きをして、相手を自分のほうに向けて引き込む力を養う。引くという動作は普段行わないので、身体に違う刺激が入る。

まずはその場から動いたら負けの引っ張り相撲❶をやってみて、引っ張る感覚、相手のバランスを崩す感覚を養おう。そこにプラスして、真ん中にエリアを指定し、相手をそのエリアに引き込んだら勝ち、という引っ張り相撲❷もやってみよう。

❷-1 引っ張り相撲②

引っ張り相撲❷は、お互いの間にエリアを設けて、それを踏ませるように相手を引き込む

❷-2

エリアに両足とも接地したら負けや、右足が接地したら負けなどルールはアレンジ可能

❷-3

様々なバリエーションでできるのが、引っ張り相撲❷の特徴。自分たちのルールを見つけてみよう

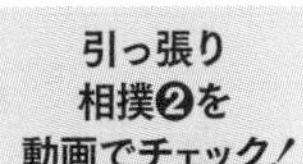

❷-1 → **❷-2** → **❷-3**

自分と相手の間にエリアを設けて、そこに相手を引き込むのが、引っ張り相撲❷。

自分がエリアを踏まないように注意しながら、タオルを引きつけて相手を指定したエリアに引き込もう。

エリアに両足が同時に接地したら負け、もしくは右足が接地したら負けなどのルールを設定する。エリアを小さくすると、周りをぐるぐる回りながら行える。

19 バランスボール相撲・棒を持って相撲

ねらい 押す、引く、踏ん張るなど、多角的な能力を養う

動画でチェック！

時間 or 回数 3回勝負など　人数 2人

バランスボールを２人で抱える。ボールに上半身をしっかりとくっつけておこう

ボールを離さず、ボールを介して相手を押したり、引いたりする

バランスボールの跳ね返りをうまく使うのもコツ

やり方

1 → **2** → **3**

1. バランスボールを２人で抱えた状態からスタートする。あまり大きすぎると抱えきれないので注意。
2. ボールを落としたり飛ばしたりしないようにしながら、相手をエリア外に押し出す。エリア外に出されるか、倒れるか、ボールを離すと負け。
3. バランスボールには反発力があるので、押した後にくる跳ね返りに耐える力も身につく。

[様々な能力を多角的に高める]

押す、引くに加えて踏ん張る、相手の攻撃をいなす、自分の体勢が崩れそうになるのを立て直すバランス能力など、様々な能力を多角的に養えるのが、このバランスボール相撲と棒を持って相撲。2人でバランスボールを抱えた状態からスタートして、相手をエリア外に押し出したら勝ち。棒を持って相撲は、タオルで行う引っ張り相撲の棒バージョン。タオルは基本的に引くだけだが、棒は押す動作もできるので、タオルよりも戦略が多くなる。これら2つの相撲を使って様々な動きを身体に覚え込ませていこう。

棒は2本、同じ長さのものを用意しよう。短すぎると身体が近くなるので、長めの棒を用意して

引くだけではなく、棒は押すこともできるので、その両方をうまく使って駆け引きをするのがポイント

バランスボール相撲・棒を持って相撲は、エリア外に押し出す、というルールのほかに、設定時間終了時にエリアに残っているほうが勝ちというルールで行うこともできる。後者のルールのほうが多様な動作が出てくる

棒を持って相撲を動画でチェック！

1 → **2** → **3**

1 少し長めの棒を2本用意し、その両端を2人で握ったところからスタート。

2 棒を引いたり押したりして、相手のバランスを崩す。手から棒が離れないように、しっかり握る。

3 しっかり踏ん張る力に加え、腕の力もたくさん使うので、ハードになる。頭がぶつからないように注意しよう。

20 膝立ち相撲

ねらい バランス能力と体幹の力を養う

動画でチェック!

時間 or 回数 3回勝負など　人数 2人

膝を床につけた状態から、タオルを背中に回して両手で握った状態からスタートする。しっかりと身体を密着させよう

相手のバランスを崩して、エリア外に出す、もしくは倒す。片膝立ちになってもOK

バランスを崩すためには体幹を捻る力も必要

やり方

1

膝をついた状態から、相手の背中にタオルを回し、そのタオルをしっかりと握り、組み合った状態でスタート。

2

膝立ちの状態を崩さないようにしながら、相手のバランスを崩す。片膝立ちになってもOK。

3

片膝立ちだと安定しやすいので、なかなか相手のバランスも崩れない。それだけ体幹を含めた上半身の力が必要になる。

[体幹の力を使う感覚を覚えよう]

膝立ちの状態で行う、組み相撲。膝立ちになって、相手の後ろ側にタオルを回し、そのタオルを握った状態で相手のバランスを崩し、エリア外に押し出したり、倒したほうが勝ちというルール。膝をついた状態で行うので、下半身の使い方やバランスというよりは、上半身や腕、そして体幹の力を使って行われる。それに低い姿勢で行っているので、倒れたときの衝撃も少ないので安全にできる。バランスを崩されそうになったとき、しっかりとお腹に力を入れて、上半身を安定させるように意識してやってみよう。

4

倒れるときは身体を丸めて安全に。どうやれば安全に倒れられるのかも学んでいこう

5

相手を倒したとき、自分がどんな身体の使い方をしたのかを覚えておくことも大切

4

このトレーニングには捻り動作が加わるので、今までのトレーニング以上に身体の使い方、体幹の使い方を覚えることができる。

5

相手をエリア外に押し出したり、倒したら勝ち。頭をぶつけたり、顔を床にぶつけたりしないように注意しながら行おう。

コラム②

動きにどのような意味があるのかを意識するだけで効果がアップ

遊びのなかで様々な能力を鍛えていく、コーディネーショントレーニング。まずは、全力で楽しんで遊ぶことが大切です。さらに、効果を高めるためには、鍛えられる能力を意識することもとても大切になります。

たとえば相手の動きのマネをするミラーゲームであれば、ただマネをする遊びではなく、相手の動きを見て瞬時に判断し、リズミカルに身体を動かすことがポイントです。つまり、ここで鍛えたい能力はリズム能力（リズム良く対応したり、イメージする能力）と変換能力（状況に応じて動作を切り替える能力）、反応能力（素早く正確に反応する能力）になります。手押し相撲であれば、相手の動きに対応して動きに変化を加える変換能力、相手の攻撃に素早く対処する反応能力、そして崩れた姿勢を立て直したり耐えたりする能力であるバランス能力が鍛えられます。

今自分が行っているコーディネーショントレーニングに、いったいどんな効果があるのか。それをしっかりと理解し、頭に入れて行うようにしてみてください。そうすると、ただ単にコーディネーショントレーニングを行うときよりも、抜群に効果、成果を実感できるはずです。この本でも、どのような能力が鍛えられているのかを本文中でも説明しているので、ぜひ確認して行ってみてください。

第3章

転がって
コーディネーション

手や足など身体すべてを連動させることで、キレイに安全に転ぶことができる。転がることが中心のコーディネーショントレーニングを行う第3章では、転がる動作を通して、自分の身体のコントロール能力を一層高められる。

21 ころころエクササイズ

ねらい 素早く体勢を立て直す動きを身につける

動画でチェック！

時間 or 回数 30秒〜1分／1セット　人数 2人以上

ボールを胸に抱える。頭を床にぶつけないために、転がったときには必ずボールを見ること

指示を出された方向に転がる。お尻、背中の順番で転がると良い

前に倒れるときは、膝をついてからボールで身体を支えるようにして倒れ込もう

やり方

1 → 2 → 3

1. ペアで行う場合は、広く距離を取ってボールを抱えて立つ。
2. 指示者は相手に指示を出す。「後ろ」と言われたら、後ろにボールを抱えたまま転がる。
3. 次は指示出し役を交替し、「前」と指示を出されたら、前に倒れる。膝、ボールの順番で安全に前に倒れ込もう。

［ 安全に動けるリアクション能力を養う ］

指示者の指示に素早く反応して、転がって起きるトレーニング。指示は、前、後ろ、右、左と方向を指示。指示されたほうは、ボールを抱えたままでその方向に転がる。転がったときに、ボールを見るようにすることで、丸まって頭を床にぶつけることもなく、安全に転がることができる。転がったら素早く立ち上がることもポイント。安全に転がることは、体幹の使い方を覚えるのに最適な運動。素早く転がり、素早く起き上がることでリアクション能力も養おう。

横に倒れるときは、指示された方向と反対方向に顔を向けてから……

背中から指示された方向に向けて倒れ込もう

ペアで行う場合はお互いに指示を交互に出し合おう。もう１人いるなら、指示者と指示される側に分けて行うと良い

4

「右」、の指示には、真横に倒れるのではなく、一度左側を向いて、右側に背中を向ける。

5

背中側から、指示された方向に向かって転がる。ボールを見ることを忘れずに。

6

「左」、の指示にも、同じように一度反対方向を向いてから、背中側から転がろう。

じゃんけんころころ❶・❷

動画でチェック！

ねらい 楽しみながらリアクション能力を養う

時間 or 回数 1分／1セット もしくは5ポイント先取で勝ちなど　人数 2人

前後左右、転がっても周りとぶつからないくらいの距離を取ろう

じゃんけんをして、その勝敗、指示を素早く認知し、行動するのが重要なポイント

指示された方向に背中を丸めて転がろう

もしあいこなら、後ろに転がる、というルールを作っておくと……

やり方

❶-1 → ❶-2 → ❶-3 → ❶-4

❶-1 ペアになって、距離を取って向かい合って立つ。

❶-2 じゃんけんをして、勝ったほうが指示を出し、負けたほうはその指示に従って転がる。

❶-3 左右のときは、ころころエクササイズと同じように、指示方向に背中側から転がろう。

❶-4 もしじゃんけんがあいこだった場合は、ただじゃんけんをやり直すだけではなく、別のルールを設けると良い。

[素早く反応して安全に転がる術を覚える]

じゃんけんをして、勝ったほうが負けたほうに転がり方を指示するトレーニング。ころころエクササイズと基本は同じ。指示を出す方法は声でも良いし、指で方向を指しても良い。じゃんけんの勝敗を瞬時に認知し、指示を出す、転がるという動作を素早く反応して行うことが、このトレーニングのポイントになる。じゃんけんころころ❷は、握手をしたまま足じゃんけんをして、勝ったほうが負けたほうの右側、右斜め前、右斜め後ろに握手のまま誘導して、負けたほうはその誘導された方向に転がろう。

握手をしたままで足じゃんけんをして、勝ったら負けたほうの手を引っ張ったり押したりして転がす

❷-2

負けたほうは手の動きに合わせて転がってみよう

それも認知から行動を起こすまでのリアクション能力の向上につながる

握手をした状態で行うじゃんけんころころ②にもチャレンジしよう

❶-5

たとえば、あいこなら2人とも後ろに転がる、など。そうすると運動量も増えるのでお勧め。

❷-1

じゃんけんころころ❷は、握手をした状態で足じゃんけんをして、勝ったほうが負けたほうの手を引っ張ったり押したりして転がる方向を指示する。

❷-2

握手した手を離さず、負けたほうは手に導かれるままに転がってみよう。

23 足じゃんけんころころ

ねらい リズムを取りながら転がる

動画でチェック！

時間 or 回数 1分／1セット もしくは5ポイント先取で勝ちなど　人数 2人

1 足じゃんけんをするときは、動きが大きいので広めに距離を取ろう

2 軽くジャンプを2回繰り返してリズムを取ってから……

3 足でじゃんけん。動きが大きいので運動量も手で行うじゃんけんころころよりも多くなる

やり方

1 → 2 → 3

1. ペアになり、少し広めに距離を取って立つ。
2. 「イチ」「ニ」と軽く小さくジャンプしてリズムを取る。
3. 「サン」で、足じゃんけん。横に開いてパー、閉じてグー、前後に開いてチョキ。

※基本ルール：パーで負け＝前に、グーで負け＝後ろに、チョキで負け＝横に、転がる

[足じゃんけんでも素早く勝敗を認知しよう]

じゃんけんころころを足じゃんけんで行うバージョン。リズム良く、「イチ」「ニ」と小さくジャンプして、「サン」で足じゃんけんをする。負けたほうは負けたときの足の形に応じて素早く転がり、素早く起き上がる。手で行うじゃんけんよりも動作が大きくなるので難易度も高くなる。転がるだけで終わりではなく、素早く起き上がって、次のゲームに進めるようになると運動量も上がるのでお勧め。あいこの場合にどうするかも事前に決めておこう。

負けたほうはじゃんけんで出した足の形に応じて素早く転がる

あいこだった場合は、２人ともじゃんけんの足の形に応じて……

転がる。1分間でたくさん勝負できたほうが運動量も多く、リアクション能力も高まる

4

負けたら出した足の形に応じて転がる。素早く行うのがポイント。

5

あいこだった場合は、２人とも出した足の形の方向に転がろう。

6

慣れてきたら早いリズムで行ってみよう。

※「最初はグー、じゃんけんぽん」の掛け声で、「イチ・ニ・サン、イチ・ニ・サン」のリズムでジャンプしながらするのも良い

24 じゃんけんタッチころころ❶・❷

ねらい 素早く状況判断する力とリアクション能力を養う

動画でチェック！

時間 or 回数　1分／1セット もしくは5ポイント先取で勝ちなど　人数　2人

最初は安全を考えて、蹲踞の姿勢で行おう

そのままじゃんけんをして……

勝ったら負けたほうの肩を触りにいく。触ったら勝ったほうが1ポイント

素早く転がってよけることができれば、ディフェンスが成立し、ポイント獲得にはならない

やり方

❶-1 → **❶-2** → **❶-3** → **❶-4**

❶-1 じゃんけんタッチころころ❶は、ペアになって、お互いの肩が触れるくらいの距離で蹲踞の姿勢になる。

❶-2 その状態のままじゃんけんをして、勝ったら相手の肩を触りにいく。

❶-3 肩に触れたら、触ったほうが１ポイント。素早い状況判断と動作が求められる。

❶-4 負けたほうは触られないように、転がってよける。よけられたらポイント獲得にはならない。

[素早い状況判断能力がポイント]

じゃんけんをして、勝ったほうは相手の肩をタッチする。負けたほうはタッチされないように転がってよけるのが、じゃんけんタッチころころ❶。それと同じルールで、じゃんけんタッチころころ❷は、じゃんけんで勝ったほうが相手の洗濯ばさみを取りにいき、負けたほうは取られないように転がってよける。素早い状況判断と、それに対するリアクション能力を養うことができる。最初は勢いよく転がると危ないので、蹲踞の姿勢でやると良い。

❷-1 じゃんけんタッチころころ②

じゃんけんタッチころころ❷は、２つ洗濯ばさみをつけた状態からスタート

❷-2

じゃんけんをして勝ったほうが洗濯ばさみを取る。取れたら、1ポイント獲得

❷-3

負けたほうは転がってよける

立位で行うじゃんけんタッチころころ②にもチャレンジしよう

じゃんけんタッチころころ❷を動画でチェック！

❷-1 → **❷-2** → **❷-3**

❷-1 じゃんけんタッチころころ❷は、肩に洗濯ばさみをつけて行う。もちろん肩ではなく、腰など場所はどこでもOK。

❷-2 じゃんけんをして、勝ったほうは相手の洗濯ばさみを取りにいこう。

❷-3 洗濯ばさみを取ることができたら1ポイント。負けたほうは転がってよけよう。どれだけ素早く行えるか、リアクション能力が養える。

25 タオル持ってころころ

ねらい リアクション能力と判断力を養う

動画でチェック！

時間 or 回数 1分／1セット もしくは5ポイント先取で勝ちなど　人数 2人

タオルはフェイスタオルくらいの長さが良い。両端をしっかり握った状態から始めよう

じゃんけんは足で行う

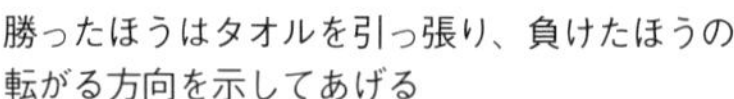

勝ったほうはタオルを引っ張り、負けたほうの転がる方向を示してあげる

やり方

1 → 2 → 3

1. 2人でタオルの両端を握った状態からスタート。
2. そのまま、足でじゃんけんをする。
3. 勝ったほうは、タオルを軽く引っ張って転がる方向を示す。

※「最初はグー、じゃんけんぽん」の掛け声で、「イチ・ニ・サン、イチ・ニ・サン」のリズムでジャンプしながらするのも良い

[タオルを握る力、支える力も鍛えられる]

勝敗を瞬時に理解すると同時に、タオルを通して出される指示も理解し、その通りに素早く動くリアクション能力が養われる。足じゃんけんをしたら、勝ったほうがタオルを引っ張って方向を示し、負けたほうはその方向に向かって転がる。相手を後ろに転がらせる場合は、タオルを緩めれば良い。勝ったほうは、ただタオルで方向を指示してあげるだけではなく、しっかりと握って、タオルで負けたほうを支えることも大切なポイントになる。

一歩前に出れば、後ろに転がる指示のこと

勝ったほうはタオルを離さないように
しっかり握っておくことを忘れずに

転がるほうは、頭を床にぶつけないように
丸まるようにしよう

→ **4** → **5** → **6**

4 相手を後ろに転がしたいときは、勝ったほうが一歩前に出てタオルを緩めると良い。

5 足じゃんけんの勝敗を素早く理解することも、リアクション能力を高める要素の1つ。

6 勝ったほうはしっかりタオルを握っておき、負けたほうの転がる動作の補助をして支えることが大切。

26 あっち転んでホイ

ねらい 認知と行動を素早く一緒に行う力を養う

動画でチェック！

時間 or 回数 1分／1セット もしくは5ポイント先取で勝ちなど　人数 2人

広く間を取って2人で向かい合って立つ

じゃんけんぽいのリズムで「じゃん」「けん」と小さくジャンプしながら……

「ぽい」のタイミングでじゃんけん。勝ったほうが「あっち転んで」とリズムを取りながら……

やり方

1 ペアになって、前後左右に転がっても大丈夫なくらいの距離を取る。

2 小さくジャンプをしながら、リズム良くじゃんけんをする。

3 勝ったほうの「あっち転んでホイ」の掛け声のリズムで、両者とも小さくジャンプしつつ、「ホイ」に合わせて転がる。

※「最初はグー、じゃんけんぽん」の掛け声で、「イチ・ニ・サン、イチ・ニ・サン」のリズムでジャンプしながらするのも良い

[2人で転がって豊富な運動量でトレーニング]

あっち向いてホイ、の転がるバージョン。運動量だけではなく、頭で理解しなければならない情報量も増えるので、難易度は高め。ただ、今までやってきたころころトレーニングで養ったリアクション能力や認知能力を使って行えば、楽しくこなせるはず。

じゃんけんをして、あっち向いてホイ、のリズムで「あっち転んでホイ」と言って、２人同時に前後左右に転がる。勝ったほうが転がった方向と同じ向きに負けたほうが転がったら、勝ったほうが１ポイント獲得になる。

「ホイ」の声に合わせて転がる。転がる方向が違ったら、すぐに立ち上がる

立ち上がったら同じようにじゃんけんと「あっち転んでホイ」を続け……

負けたほうが同じ方向に転がったら、勝ったほうが1ポイント獲得

4

負けたほうもそのリズムに合わせて、同時に転がる。転がった方向が別々なら、もう一度じゃんけんからスタート。

5

転がってから起き上がるまでも、できるだけ素早く行おう。

6

勝ったほうが転がった方向と、負けたほうが転がった方向が同じだったら、勝ったほうが１ポイント獲得になる。

27 ボール持ってころころ❶・❷

ねらい 手が不自由な中でも安全に転がる

時間 or 回数 30秒〜1分／1セット　人数 2人

小さめのボールをお互い両手で持ち合った状態から始めよう

ボールを回す方向が、相手を転がす方向。写真で言えば、転がす方向は左側

転がされる役は、頭を床にぶつけないように丸まりながら、指示された方向に向かって転がろう

❶-1 → **❶-2** → **❶-3**

❶-1 2人で小さめのボールを両手で持つ。

❶-2 転がす役（写真右）は、相手を転がしたい方向に、ボールを回しながら動かす。左に転がしたいなら、ボールを左に回す。

❶-3 その動きに逆らわず、転がされる役は、ボールから手の平全体が離れないようについて行き、ついて行けなくなったところでスムーズに転がる

[手を使わなくても安全に転がる動きを覚える]

小さなボールをお互いに両手で持った状態で、転がし合う。交互に転がしても良いし、どちらか一方が転がし、時間がきたら交替しても良い。転がす役は、ボールを捻るようにして動かし、転がされる役はその動きに合わせて転がる。腕に力を入れず、ボールの動きに沿って腕を動かしていくと、自然と身体が転がる方向に向くので、自然に任せつつ、身体を丸めて安全に転がろう。転がす役がうまく誘導しないと転がりにくい。転がされる役がボールに片手だけを乗せて行う、ボール持ってころころ❷も、慣れてきたら挑戦してみよう。

❷-1 ボール持ってころころ②

片手で行うバージョンは、転がす役は両手で、転がされる役は片手でボールに手を置く

❷-2

両手でボールを持っている転がす役は、ボールを回して転がす方向を示してあげる

❷-3

それに従うようにして、手をボールから離さないように注意して転がろう

片手で行うボール持ってころころ②にもチャレンジしよう

ボール持って ころころ❷を 動画でチェック！

❷-1 → ❷-2 → ❷-3

❷-1	❷-2	❷-3
ボール持ってころころ❷は、転がされる役がボールに片手を乗せた状態からスタート。	転がす役は、両手でボールを回して転がす方向を指示する。	転がされる役は、その動きに逆らわず、ボールから手の平全体が離れないようについて行き、ついて行けなくなったところでスムーズに転がる

コラム③

コーディネーショントレーニングは日常生活の安全性も高められる

こころコーディネーショントレーニングは、バランス能力はもちろん、反応能力、そしてボールを持ちながら行う場合はいくつかの動きをつなげる連結能力を鍛えることができます。といっても、あまり実際のスポーツ現場や日常生活で生かすイメージができないかもしれません。しかし、転んだときの身のこなしをイメージしてください。そうすると、役に立つイメージが出てくるのではないでしょうか。

何かにつまづいて、転んでしまったときのことを思い出してみてください。つまづいたとき、状況を素早く判断するのは、反応能力と変換能力です。次にバランス能力で崩れた体勢を立て直すように、身体が反応します。それでも体勢を直せなかったら、変換能力と連結能力でケガをしないように身体を動かす、つまり安全に転がります。

ただ身体能力を鍛えただけでは、どのように身体を動かせば安全に転ぶことができるのかは分かりません。そこで、このこころコーディネーショントレーニングです。頭を床にぶつけない、転がるときは身体を丸める。そのような細かい動作を繰り返し行うことで、安全な転がり方を頭と身体で理解し、覚えられます。

コーディネーショントレーニングで得られる効果は、スポーツや運動だけではなく、日常生活を安全に過ごすことにも有益です。

第4章

バランスでコーディネーション

第４章は、特にバランス能力を重視したトレーニングを紹介する。相手のバランスをどうすれば崩せるか、自分のバランスをどうすれば保ち続けられるかを考え、実践することで、様々な場面で役に立つバランス能力を高めることができる。

28 マネっこバランスバトル

ねらい 不安定な状態でもバランスを保つ力を養う

動画でチェック!

時間 or 回数 30秒〜1分／1セット　**人数** 2人以上

1 小さめのボールを用意して、ペアで距離を保って立つ。道具はボールでなくても良い

2 片足立ちになってから、じゃんけん。しっかりバランスを保って行おう

3 勝ったほうは、ボールを使って片足立ちのままでアクションを行う。このとき、足が床についてしまったら負け

やり方

1 → **2** → **3**

1. ペアである程度の距離を保って、ボールを持った状態からスタートする。
2. 片足立ちになってから、じゃんけんをする。
3. 勝ったほうは、片足立ちのままボールを使ったアクションを行う。

[マネをしながらバランスを保つ]

ミラーゲームのように、相手の動きを鏡合わせでマネをする。そこにバランス能力を養う要素を盛り込んだのが、このマネっこバランスバトル。ボールを持ち片足立ちでじゃんけんをして、勝ったほうが行う動作を、負けたほうがマネをする。片足という不安定な状態で、さらにボールを使った動作を加えることでバランスを保つのが難しくなる。その状態でも耐えたり、動きをマネしたりすることで、バランス能力を養うことができる。

負けたほうは、勝ったほうのアクションをミラーでマネをする。浮かせている足が接地したり、軸足が移動したら負けになる

これを何回か繰り返す。常に片足立ちの状態をキープしておこう

片足立ちは、左右バランス良く行うこと

4

負けたほうは、そのアクションをミラーでマネをする。

5

再度じゃんけんをして、勝ったほうがアクションを行う。

6

これを繰り返して行っていく。ボールを使うのが難しければ、最初はボールを持たず、片足立ちだけでミラーゲームを行うのも良い。

29 人間メトロノーム

動画でチェック！

ねらい 重心の移動を感じる

時間 or 回数 30秒～1分／1セット　人数 3人

真ん中の人がメトロノームの振り子になり、左右の人が支える

真ん中の人は、体幹に力を入れて真っすぐな姿勢を維持しよう

左右の人は、真ん中の人の重さをしっかりと感じ取りながら、それを反対側に押し返す

やり方

1

左右に1人ずつ、真ん中に1人立つ。50～60cmくらい離れておく。

2

片方の人が真ん中の人を押してスタート。真ん中の人は振り子になった気持ちで、身体を曲げず真っすぐな姿勢を保つ。

3

両側の人は、しっかりと真ん中の振り子を支えつつ、反対側に押し返す。これを時間内に何度も繰り返す。

[バランスの崩れを体感して重心移動を感じる]

3人1組になって行うトレーニング。2人の間に1人が立ち、両サイドの人が真ん中の人を、メトロノームのように左右に押す。人を押す両サイドの人は筋力アップ、真ん中の人は真っすぐな姿勢を保ち続ける体幹を鍛えられる。それに加え、真ん中の人は重心が移動する感覚を養うことができる。左右にくわえ、前後で行ってもOK。ローテーションで役割を交代しながら行おう。慣れてきたら、真ん中の人は目を閉じてやってみよう。

前後で行う場合は、後ろの人が特にしっかりと支える

体格は同じくらいの人で行うのが良い

真ん中の人は、重心が前後左右に動くことを体感できる

4

前後バージョンの場合は、真ん中の人の正面と後ろに立つ。

5

倒れてくる身体をしっかりと支えて、反対側に押し返そう。慣れてきたら、振り子を大きく振ってみよう。

6

真ん中の人は、左右のときと同じように振り子になった気持ちで真っすぐな姿勢を保つ。前後のほうが身体が曲がったり反ったりしやすいので注意しよう。

握手でバランス崩し❶・❷

ねらい 駆け引きの中でバランス能力を養う

動画でチェック!

時間 or 回数 30秒〜1分／1セット　人数 2人

握手をした状態で、足の小指同士をくっつけてスタート。近づきすぎず、遠すぎずの距離で行おう

握手したほうの手を使って、押したり引いたりバランスを崩す

どうやったら相手のバランスが崩れるのかを考えて、やってみよう

やり方

❶-1 → **❶-2** → **❶-3**

❶-1 右手で握手をする場合は、お互いの右足の小指同士をくっつけた状態からスタートする。

❶-2 握手した手を押したり引いたりして、相手のバランスを崩す。

❶-3 反対側の手で相手を押したりしないように。バランスを取るために動かすのはOK。

[相手の状況を判断しながらバランスを取る]

お互いに向かい合ったところから握手して、バランスを崩し合う。相手を押したり引いたりしてバランスを崩し、最初の足の位置から動いたら負け。バランスが保てなくなったら、無理はせず、今まで培った安全な転がり方で転がってしまおう。相手との駆け引きの中で、力の入れ具合、加減、押し引きのバランスなど、様々な要素を合わせて、バランス能力を養っていくことができる。相手の重心を動かす、崩すにはどうした良いかを考えるのが大切。

うまく相手のバランスを崩すことができたら、その感覚を忘れないようにしよう

足がスタートポジションから動いたら負け。負けたほうも、なぜバランスが崩れたのかを理解すれば、次に生かせる

握手でバランス崩し❷もやってみよう。力の入れ方、相手のバランスの崩し方が微妙に異なるのでいろいろ試してみよう

腕相撲の握り方で行う
握手でバランス崩し②にも
チャレンジしよう

握手でバランス崩し❷を動画でチェック!

❶-4
足が床から動かないように注意しながら、どうやったら相手のバランスが崩れるのかを考えながらやってみよう。

❶-5
足が最初の位置から動いてしまったら負け。相手のバランスを崩そうとするあまり、自分が動いてしまうこともあるので注意して。

❷
握手を腕相撲にした別バージョンも同じようにやってみよう。力の入れ方が違うので面白い。

31 棒を持ってバランス崩し

動画でチェック！

ねらい バランスの崩し方と保ち方の両方を学ぶ

時間 or 回数 30秒～1分／1セット　**人数** 2人

長めの棒が2本あるのが理想だが、短くてもOK。足の位置を最初に決めておこう。揃えても良いし、前後に開いて行っても良い

スタートの合図で棒を利用して、バランスを崩し合う

前後左右いろいろな方向に相手を崩してみよう

やり方

1 → **2** → **3**

1m 程度の棒を 2 本用意し、その両端をお互いが握る。

その棒を動かして、バランスを崩し合う。

自分のバランスを保つことも忘れずに。

[両手を使って「押す」と「引く」を使い分けよう]

お互いに両手で1m程度の長さの棒を持って、バランスを崩し合うトレーニング。両手を同時に押したり引いたりしてバランスを崩すだけではなく、右手は押す、左手は引く動作を織り交ぜてみても良い。動作が複合的になり複雑になるので、頭も使うし、感覚も鋭くして行わなければならない。硬い棒を使うので、安全面には十分に注意して行うこと。

うまく相手のバランスを崩して……

足が最初の位置から移動したり浮いたりしたら負け

4

両手で押したり引いたりするだけではなく、両手別々の動きをして相手の翻弄するのも、このトレーニングの面白さ。

5

足が最初の位置から移動したり、浮いたら負け。体幹や棒をうまく利用してバランスを崩しつつ、自分のバランスを保ってみよう。

32 タオルを持ってバランス崩し

ねらい 様々な動きを使って バランス能力を養う

動画でチェック!

時間 or 回数 30秒〜1分/1セット　人数 2人

フェイスタオル程度の長さのタオルでOK。引っ張るだけではなく、タオルの特性である柔らかさを生かして、相手のバランスを崩そう

足は肩幅程度に広げ、揃えても良いし、写真のように前後に広げても良い。前後に広げたほうがバランスを保ちやすくなる

片手だけでも良いが、慣れてきたら両手を使うようにすると崩し方にバリエーションが出る

スタート地点から足が動いたら負け。踏ん張ることも大事だが、力よりも感覚でバランスを保つことを意識してみよう

やり方

1 → 2 → 3 → 4

1. タオルの両端を2人とも同じ側の手（写真では左手）で握ったところから始める。
2. タオルを引っ張るだけではなく、上に持ちあげたり、下にさげたりするのも、バランスを崩すには効果的。
3. 最初はタオルを握っていない手は使用しない。応用編でその手で瞬間的にタオルを握ってもOKとしてやってみよう。
4. 足がスタート位置から動いたら負け。エリアを決めて、そのエリアから出たら負け、としても良い。

[大きな動きの中でバランスを取る]

先に紹介した、握手でバランス崩しをタオルを使って行うバージョン。お互いに肩幅に足を広げて立ち、タオルの両端をそれぞれ握ったところからスタート。片手だけでバランス崩しを行っても良いし、両手を使っても良いというルールにしても OK。両手を使うと相手のバランスを崩すバリエーションが増えるので動作が複雑化して効果的。また、これを片足で行っても良い。両足で立っているときよりもさらに不安定な状態で行うので、バランス能力が養われる。

片足バージョンで行うときは、最初にエリアを決めよう。軸足はケンケンで移動してもOK。浮かせている足が着地したら負け

エリア外に出たら負け、というルールを追加しても良い

片足バージョン 1 ――→ 片足バージョン 2

片足バージョンでのタオルを持ってバランス崩しは、さらに不安定な状態で行うので、バランス能力を養うのに効果的。

片足バージョンの場合は、浮かせている足が接地したら負けというルールを加えても良い。

33 S字ヒモ引きバランス崩し

ねらい 全身を連動させてバランスを保つ

動画でチェック!

時間 or 回数 30秒～1分／1セット　人数 2人

背中を通したヒモを持ってスタート。ヒモが上もしくは下から見たらS字になるようにしよう。足を肩幅程度に開き、写真のように立つ。足を前後に開いた場合は安定度が増すので、バランスが崩れにくくなる

そのヒモを引いたり緩めたりしながら、自分のバランスを保ちつつ、相手の体勢を崩す

相手の引っ張る力を利用して、相手のバランスを崩すこともできる

やり方

1 → **2** → **3**

写真では、お互いに左側の腰から背中を通したヒモの端を右手で握っている。

足を動かさず、ヒモを引っ張ったり緩めたりしながら相手のバランスを崩す。

腕を使ったり、身体を捻ったり、全身を使って行うのがポイント。

[身体をスムーズに使う感覚も養う]

少し長めのヒモ（もしくは帯）を使って行うバランス崩し。お互いに片方の腰から背中を通したヒモを、反対側の手で握る。その場から足を動かさず、手でヒモをたぐり寄せたり緩めたり、身体を捻ったりしながら、相手のバランスを崩す。相手の変化に対応して動きを切り替える判断能力はもちろん、身体を捻ったりお尻を使って踏ん張ったり、身体全体を連動させて動かすことがポイントになる。特にヒモを緩めるタイミングを見極めると、相手のバランスを崩しやすくなる。

自分の重心が前後にぶれないようにするのが、バランスを保つコツ

足が最初の位置から動いてしまったら負け。全身を使って相手のバランスを崩したり、自分のバランスをキープしたりするのがポイント

4

左手は使わない。左手でヒモを握るのは NG。

5

足がスタート位置から、移動したり、右手がヒモから離れたりしたら負け。腕だけではなく、全身をうまく使おう。

コラム④

子どもだけではなく大人になっても神経系の能力は向上する

コーディネーショントレーニングは幼少期に行ったほうが良いとよく言われます。筋力ではなく、神経系の機能にアプローチするコーディネーショントレーニングは、神経系の機能が最も向上しやすい12歳前後までに行っておくことが大切です。だからといって、それらの能力が大人になってからは全く向上しない、というわけではありません。

大切なのは、継続すること。幼少期に比べると、動きや感覚が身体に染みこむまでに時間がかかると思います。1回行ったからといって、その能力がすぐに身につくわけではありません。それは子どもも同じです。定期的に何度も繰り返し行うことで、徐々に動きや感覚が身体に染みついていくのです。

この本で紹介している60のコーディネーショントレーニングを毎日すべて行うのは難しいです。しかし、1つのトレーニングは1～2分程度で終わります。休憩を挟んだとしても、30分間頑張れば10項目、少し余裕を持って行っても5項目くらいのプログラムを行うことができます。

隙間時間には、1人でできるものを行ったり、まとまった時間が取れるときは、友達や親子で10項目くらいのゲーム系のプログラムを行ったりするのも良いでしょう。部屋でできるプログラムもあるので、ぜひ空いた時間を使って継続してみてください。

第5章

足を使って コーディネーション

普段はおおざっぱにしか使わない足だからこそ、足の多様な動作を行うことで、バランス能力、リズム能力、変換能力、連結能力などが鍛えられる。普段は意識しない部位である足の指や裏に意識を集中して行おう。

34 足でお宝集め

ねらい バランス能力と足の指の筋力強化

動画でチェック！

時間 or 回数 30秒〜1分／1セット　人数 2人以上

自分と相手のスタート位置を決めて、均等にお宝を散りばめよう。ミニタオルがちょうど良い

移動は必ずケンケンで。両足がついたらスタート地点に戻る、などのルールを入れておくと良い

お宝を足の指で拾い上げる。しっかり掴んで持ち上げてから移動する

やり方

1 → **2** → **3**

1 2人のスタート位置を決め、その間にお宝を数個置く。お宝の個数は奇数にしておくと勝敗が分かりやすい。

2 スタート位置からケンケンで移動し、お宝を集めてくる。

3 お宝は、浮かせている足の指を使って取る。このとき、足が床について両足立ちにならないように注意すること。

[片足でバランスを取りつつ足の指を使う]

片足立ちでバランスを保ちながら、ほかの動作を行うことで、複合的に身体を使う。ケンケンしながら移動して、もう片方の足の指を使ってお宝（写真ではミニタオル）を集める。お宝を掴むときも、足を床につけて体重をかけないこと。常に片足立ちの状態をキープしておくことで、高いバランス能力を養うことができる。しっかり足の指でお宝を掴むことがポイント。足の指の筋力向上がバランス能力の向上にもつながるので、しっかり鍛えておこう。

お宝を蹴ったり投げたりしないこと。ちゃんと掴んで持って運ぶことが大切

最後までお宝を２人で取り合って……

取ったお宝の数で勝敗が決まる。お宝の数を奇数にしておくと勝敗が分かりやすい

4

お宝を取ったら、お宝が床に接地しないようにしながら自分のスタート位置に持って帰り、また取りに行くを繰り返す。

5

全部のお宝がなくなるまで続ける。

6

最後にお宝の数を数えて、多かったほうが勝ち。ケンケンする足を入れ替えて、数回勝負しても良い。

35 足持ちケンケンでしっぽ取り

ねらい 高い運動量を保持しながらバランス能力を鍛える

動画でチェック！

時間 or 回数 1分／1セット もしくは1回勝負 **人数** 4人以上

ペアになって、それぞれパートナーの足首を持つ

その状態のままでケンケンをして、相手ペアのしっぽを取りにいこう

1人だと取りやすいバランスも、2人になった途端に難しくなる

やり方

1

広いスペースを使って行おう。

2

ペアになり、お互いが向き合って同じほうの足を持ち合った状態で、タオルなどでしっぽをつける。

3

お互いの足を離さないようにしながら、ケンケンで移動して相手ペアのしっぽを取りにいく。

[片足立ちのバランス能力と高い運動量]

２人１組になって、２ペアで競うトレーニング。ペアになったら、それぞれの片足を持ち、お互いにケンケンの状態になる。その状態で、もう１組のペアのしっぽを取り合う。自分１人だけでバランスを取るのは簡単だが、相手とつながった状態で、相手の動きに合わせながら、自分のバランス、そして相手のバランスもキープしなければならない。さらにしっぽ取りゲームの要素もあるので、運動量もとても高く、負荷の高いトレーニングになる。

4 自分のバランス、相手のバランスを考えつつ、相手ペアの動きにもついていかなければならない

5 もしバランスを崩して危ない、と思ったら、無理せず手を離そう

4

お互いでバランスを取り合うことがポイント。もし倒れそうになったらパートナーは手を離すこと。

5

しっぽを取ったほうが勝ち。運動量が多いので、体力に応じて勝負の回数を決めよう。

36 足裏ボールころころ

動画でチェック！

ねらい 足の器用さとバランス能力を養う

時間 or 回数 30秒〜1分／1セット　人数 1人以上

1
ボールを足の裏でコントロールすることで、足先の器用さを養うことができる

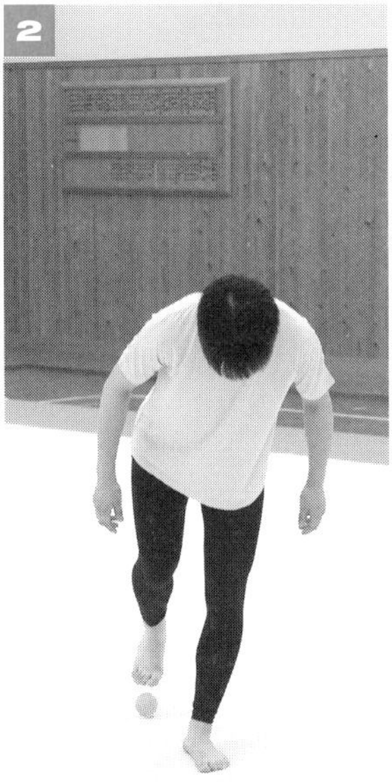

2
片足立ちでバランスを取りながら、できるだけ遠くまでボールを転がそう

3
横にボールを転がすときも、蹴るのではなく、きちんと足の裏で転がすこと

やり方

1 → 2 → 3

1. 適度な大きさのボールを自分の真下に置き、それを足の裏でコントロールする。
2. できるだけ遠くにボールを動かすために、上半身を倒してもOK。
3. 左右にもできるだけ遠くまでボールを動かそう。

※足裏とボールは離れないようにする。ボールに体重を乗せるのはNG

[バランス能力と足の巧緻性を高める]

テニスボールやサッカーボール程度の大きさのボールを足の裏を使って、前後左右に大きく動かしてボールをコントロールするトレーニング。普段はあまり使われない足先を使うことで、足の巧緻性（器用さ）を高めることができる。足とボールがあまり離れないようにするのがポイント。常に足の裏にボールがあり、それを自分の意志でコントロールする意識を持とう。目の前に置いたペットボトルの周りを足でボールを回すのも良いトレーニングになる。

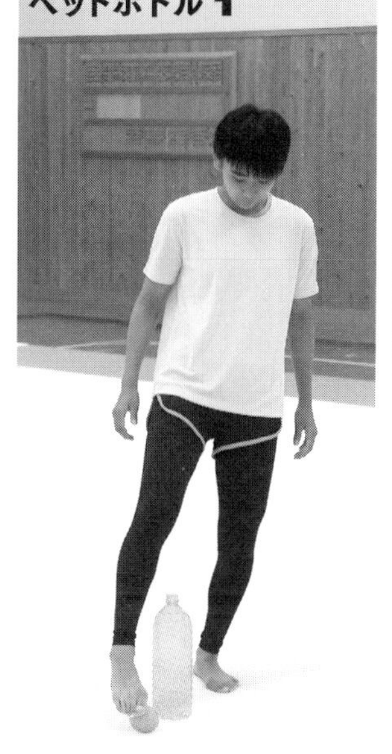

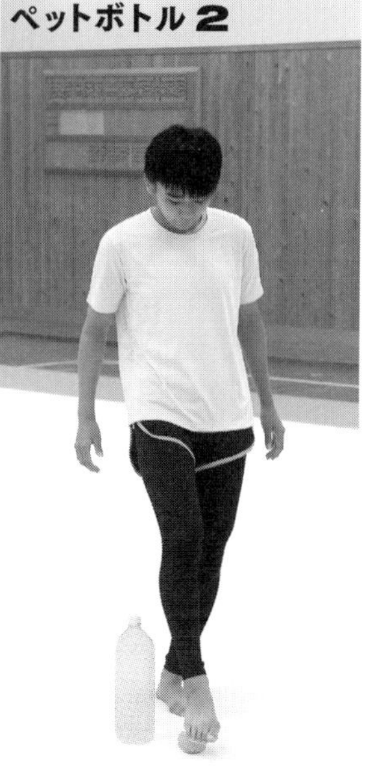

競争バージョンも可能。ケンケン状態で浮かせた足裏を使ってボールを転がしながらゴールまで競う

ペットボトルは大きくなくてもOK。目印になれば良い

右回り、左回り、左右の足とバランス良く行おう

4

片足立ちでバランスを取りながら行おう。

ペットボトル 1

ペットボトルを使うバージョンもある。目の前にペットボトルを置き、その周りをボールでぐるっと1周させる。

ペットボトル 2

右回りで行ったら、反対の左回りも同じように行おう。

37 足裏ボールころころバトル

ねらい バランス能力と足の巧緻性(こうちせい)を高める

動画でチェック！

時間 or 回数 1分／1セット もしくは5ポイント先取で勝ちなど　**人数** 2人以上

ある程度広い場所を確保し、自分のゴールと相手のゴールを作る

広いほうが、ケンケンで移動する距離が長くなるので、体力アップには効果的

ボールは必ず足の裏だけでコントロールすること

やり方

1 2人で向き合い、自分の後ろにゴールを設定する。

2 足の裏だけでボールを扱い、相手ゴールに向けてシュートを打つ。シュートは必ず足の裏で転がして行う。

3 止めるときも、足の裏だけを使うこと。

[ボールを足の裏だけでコントロールする]

テニスボールくらいのボールを使い、相手ゴールにボールを入れたら１ポイント獲得。ボールは蹴らず、必ず足の裏でコントロールすること。ボールを止めるときも、必ず足の裏だけで行うことが、このゲームのポイント。そして、片足立ちのケンケンの状態で行おう。片足立ちで動くことでバランス能力、足の裏でボールを扱うことで足の巧緻性（こうちせい）を養う。相手をケンケンで移動させるくらい、左右に大きくボールを振るのがコツ。このようなゲームを行うことで状況判断能力も養える。

4 浮かせている足がが床につきそうになっても、しっかりとケンケンで踏ん張ろう

5 自分のバランスを取ることだけに集中してしまうと……

6 隙を突かれてゴールを決められてしまう。自分のバランスを保ちつつ、相手の動きやボールの動きにも気を配ろう

→ **4**

浮かせている足を床につけずに、常にケンケンし続けることも大切なポイント。

→ **5**

ボールを足の裏でコントロールしながら、相手が取りにくいところを狙おう。

→ **6**

ゴールを割ったら、１ポイント獲得。時間で決めても良いし、獲得ポイント数で勝敗を決めても良い。

コラム⑤

7つの能力すべてを総動員して行うのが柔道

いろいろ紹介してきたコーディネーショントレーニングで鍛えられたり、養われたりする能力の数々ですが、それらはスポーツをしていく中でも鍛えられるものです。日本の伝統スポーツの1つである柔道も同じです。

柔道は相手と組み合い、駆け引きの中で、自分のバランスを崩さないように保ちながら、相手のバランスを崩して投げる運動です。相手との距離や間合いを図り（定位能力）、相手の動きに対応して次の動きに移るか、それともかわすのかを判断します（反応能力、変換能力）。道衣を掴んで組み合う中で相手を感じ取り（識別能力）、相手の動きを見て、タイミングを取って技をかけます（リズム能力、バランス能力、連結能力）。技をかけられたほうは、素早く対応して相手の技を防いだり、切り返したり、投げられてしまったときには受け身を取ったり（反応能力、バランス能力、連結能力）する。技をかけるほうは自分のバランスを保つ中で相手のバランスを崩しつつ、隙をついて仕掛けます（バランス能力、変換能力、連結能力）。

また柔道は、足だけ、腕だけ、胴体だけを使う運動は1つもない全身運動なのです。常に身体の連動性と手足を自分の思い通りにコントロールする能力が鍛えられます。

まさにコーディネーショントレーニングで養われる能力すべてを総動員して行うのが、柔道なのです。

第6章 ゲームでコーディネーション

コーディネーション能力は遊びの中で様々な動きを行うことで高まっていく。ゲーム形式で仲間と楽しく競い合いながら、7つのコーディネーション能力を高めていこう。ルールを変更してもOK。みんなで楽しみながらいろいろな動きにチャレンジしてみよう。

38 ビニール袋ケンケン

ねらい 片足でバランスをキープする能力を養う

動画でチェック！

時間 or 回数 1回勝負 もしくはリレー勝負など 人数 2人以上

ビニール袋をふくらませたものを作って、それを蹴りながら進んでいく

スタートとゴールを決めてレース形式で行おう。タイムレースも可能

変則的に飛ぶビニール袋を、うまくコントロールしつつ、ケンケンで進んでいこう

やり方

1 → 2 → 3

1. スタートとゴールを決めて、2人でふくらませたビニール袋を持ってスタート。
2. ケンケンしながら前に進みつつ、浮かせている足でビニール袋を蹴り上げながら進んでいく。
3. 変則的な動きをするビニール袋をうまくコントロールしながら、身体のバランスをキープしたまま進もう。

[様々な体勢でバランスをキープしよう]

片足立ちの状態で、浮かせたほうの足を使って、ビニール袋を蹴り上げながら進んでいくトレーニング。スタートとゴールを決めて、2人でレース形式で行おう。一度蹴るとゆっくり下りてくるので落ち着いて対処できるということと、変則的な動きをするということからビニール袋を使う。ケンケンで身体のバランスを取りながら、変則的に動くビニール袋をコントロールしながら進むことで、様々な体勢でバランスをキープする力を身につけることができる。

4 スピードも大事だが、浮かせている足を一度も床につけずに行うことが大切

5 ケンケンする足は左足、右足どちらもやってみよう

→ 4 → 5

4 思い通りに飛ばないビニール袋をコントロールするために、少しずつ前に進むようにする。

5 いろいろな状態で身体のバランスを保つ力を養うことができる。

39 ビニール袋ケンケンバレー

ねらい バランスキープに加え定位能力を養う

動画でチェック!

時間 or 回数 5ポイント先取など　**人数** 2人以上

まずは自分のエリアと相手のエリアの中央部分にラインを引き、それをネットに見立てる

自分のエリアから、ふくらませたビニール袋を蹴って相手のエリアに入れる。手は使わない

自分のエリアにビニール袋がきたら、ケンケンをしながら対応する

やり方

1 → **2** → **3**

1 お互いに向き合った状態で立ち、その中央にラインを引く。

2 ふくらませたビニール袋を足で蹴り、相手エリアに蹴り入れる。

3 そのビニール袋をさらに蹴り返して、相手エリアに入れる。ケンケンしながら蹴る。

[体勢を素早く立て直すバランス能力を鍛える]

ビニール袋をふくらませて、それをケンケンしながらもう片方の足でコントロールして、バレーボールのように自分のエリアから相手のエリアに蹴り入れる。不安定なケンケンの体勢で、変則的な動きをするビニール袋の動きに対応することにより、バランス能力を養うことができる。また、座った状態で足のみを使って、もしくは手と足を使ってバレーを行ってもOK。普段、座った状態であまり動かないので新しい感覚を味わえる。

不規則な動きをするビニール袋をケンケンで追いかけて、自分のバランスを保ちながら蹴り返そう

自分のエリアにビニール袋があるときに両足が床についたら相手のポイント。ケンケンを維持して頑張ろう

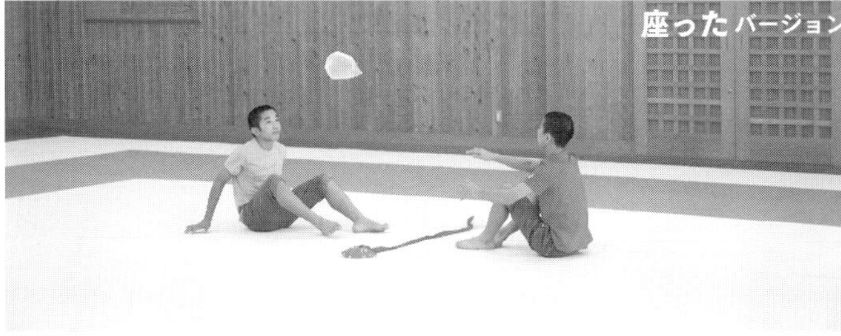

座った状態で行っても良い

4

変則的な動きをするビニール袋の動きに、ケンケンでついていくことで、バランス能力を養うことができる。

5

ビニール袋が自分のエリアにあるときは、両足を床につけないようにして行おう。

座ったバージョン

座った状態で行ってもOK。手と足を使う、足だけ、手だけなど、いろいろなバージョンでチャレンジしてみよう。

40 握手でタッチ

ねらい 対戦相手の動きに合わせた対応能力を養う

動画でチェック!

時間 or 回数 1分間でポイント数勝負 **人数** 2人(+審判役)

握手をした状態からスタート。事前にタッチする部位を決めておこう。審判がいる場合はタッチする部位を審判が指示する

スタートの合図で、タッチし合う。タッチされないようによけることも大事だが、タッチしないとポイントをゲットできない

相手の隙を見て積極的に攻めることが大切

やり方

1

握手をした状態からスタート。握手ではなく、タオルの両端を持っていっても良い。

2

審判がいない場合は、あらかじめタッチする部位を決めておく。審判がいる場合は審判が指定した部位をタッチする。

3

相手も簡単にタッチはさせてくれない。隙を見たり、左右に大きく動いたり、フェイントをかけてみたり、様々な動きを入れてみよう。

[リアクション能力や対応能力を鍛えよう]

握手した状態、もしくは片手にお互いタオルを握った状態で、指定した部位をタッチし合う。指定する部位は、左右の肩やお腹、腰、膝などどこでもOK。審判がいれば、対戦中に指定する部位を変更しても面白い。タッチできたら1ポイント獲得。その合計点数で競う。相手の動きを把握し、それに対応する能力、またそれに素早く反応してよけたり、隙を見つけたら素早くタッチしたりするリアクション能力も養える。集中力が大切。

審判がいれば審判がタッチする部位を決める。いなければ最初に決めておく。先にタッチした人が、次にタッチする部位を指示してもOK

タッチする部位が変わった瞬間がチャンス。隙をついてタッチしよう

左右に大きく動き回って、相手を翻弄するのも1つのテクニック

4 審判が途中でタッチする指定部位を変更してもOK。そのほうがリアクション能力を養うことができる。

5 指示に素早く反応し、相手の隙をついて素早くタッチする。

6 タッチしようとした際、相手と衝突しないように注意が必要。白熱しすぎないように、冷静さを持って行おう。

41 手合わせフォロー

ねらい 多様な身体操作を身につける

動画でチェック！

時間 or 回数 30秒〜1分／1セット　人数 2人（＋審判役）

同じくらいの体型同士でペアを組むと良い

手と手を合わせた状態からスタート

操作側は、フォロー側が動きやすいように最初はゆっくりと動こう

やり方

1

2人1組になって行う。小さな板などがあるとポイントが分かりやすいので準備しておこう。

2

小さな板やタオルを挟んで、2人で手を合わせる。

3

その状態をキープしたまま、操作する側は前後左右、自由に動き回る。

[相手の動きに合わせる身体能力を身につける]

ペアになって行うこの手合わせフォローは、相手の動きに対応して動くトレーニング。相手と手を合わせた状態（手と手の間に小さい板などを挟むと良い）を、30秒から1分間キープする。一方が操作側となって相手を誘導し、もう一方がその動きに合わせて手が離れないようについていく。相手を操作する側は、相手の動きを見ながらできるだけたくさん動かす。応用編で、フォローするときは目を閉じるというパターンもある。また、フォロー側は押されたときのみ、押されないように押し返して拮抗させるというパターンもある。

だんだん慣れてきたら、徐々にスピードを上げたり、切り返しを入れたり、様々な動きを取り入れよう

相手の動きに合わせることで、自分の身体を思い通りにコントロールする能力が身につく

自分が予期しない動きにも反応できるようになると、自分の身体をうまく使えている証拠になる

4

フォローする側は、手が離れないようにしながら操作側についていく。

5

手と手の間に板などを挟んでおくと、手が離れたかどうかがすぐに分かるのでお勧め。

6

慣れてきたら、途中で審判役の「チェンジ」の合図、掛け声で操作側とフォロー側を入れ替えてもOK。

42 タオルでフォロー

動画でチェック！

ねらい 距離を保ちながら相手の動きをフォローする

時間 or 回数 30秒～1分／1セット　人数 2人（＋審判役）

フェイスタオル程度の長さのあるものを使って行おう

操作側は、様々な方向に移動する。フォロー側はタオルがたるまないように対応して動く

操作側は前後左右に動くだけでなく、回り込んだり、引っ張ったりしてみよう

やり方

1 2人1組になって、お互いが両手でタオルの端を握ったところからスタート。

2 操作側は、前後左右にフォロー側を大きく動かすように、いろいろな方向に移動する。フォロー側はタオルがたるまないように操作側の動きについていく。

3 操作側は前後左右に動くだけでなく、回り込んだり、引っ張ったりすると良い。

[相手との距離を感じ取りながら身体を動かす]

ペアになり、両手でそれぞれタオルの端を握り、そのタオルがたるまないようにして、相手の動きに合わせて身体をコントロールするトレーニング。手合わせフォローは手と手を合わせた近い距離で行うが、タオルでフォローは一定の距離を保った状態を維持することがポイント。タオルをたるませないために、相手の動きを予測したり、うまく腕を使ったり、全身をコントロールして、操作側の動きをフォローしていこう。

応用編では、審判役の「チェンジ」の掛け声で、操作側、フォロー側を入れ替えたり、フォロー側が目を閉じたりする。また、フォロー側が引っ張られた時のみ、引っ張り返して拮抗させるというパターンもある

棒を使う場合は、回転や素早い切り替えを入れて行おう

フォローする側は振り回されないように、相手の動きを良く観察して身体をコントロールしていくのがコツ

→ **4**

身体だけではなく、腕も使いながらフォローしていこう。

棒を使うバージョン 1 →

タオルでなくても、棒などを使ってもOK。

棒を使うバージョン 2

棒の場合はたるまないので、操作側は少し素早い動きを入れても良い。フォローする側はしっかりとついていこう。

43 しっぽ取りバトル

ねらい 対人運動の中で身体動作を身につける

動画でチェック！

時間 or 回数 しっぽを取ったら終了 もしくは30秒〜1分／1セット　**人数** 2人以上

しっぽはだいたい膝あたりまでたれるようにしてつける

スタートの合図で、相手としっぽを取り合おう

横に動いたり、相手の周りをぐるっと回ったり、できるだけ相手に正面を向けたままで動くのがコツ

やり方

1 → **2** → **3**

2人である程度の距離を取り、お尻にタオルをつけてしっぽをつける。

その状態から、スタートの合図で相手としっぽを取り合う。

相手に背中を見せないように動き回るのがコツ。

[駆け引きの中で俊敏性を養う]

お尻につけたタオル（しっぽ）を取り合い、しっぽを取ったほうが勝ち。対人で行うため、駆け引きの中でしっぽを取られないような俊敏性、取られそうになったときにかわすリアクション能力など、様々な身体能力を向上させることができる。素早く左右を切り返したり、フェイントから相手の後ろに回り込んでしっぽを取ったり、俊敏性が大切。楽しみながら行おう。なかなかしっぽが取れない場合は、しっぽを２本にして、それぞれ左右の腰につけると取りやすくなる。

フェイントをかけながら、前後に素早く動くのもポイントになる

特に手を伸ばすタイミングは大切。素早く手を前に出すと同時に、上半身をグッと低くすると良い

相手のしっぽに触ることができても、しっぽを取るまで気を抜かない。基本編は、お互いに接触なしで、しっぽを取り合うルールだが、応用編で相手の腕を掴んで抑えながら、しっぽを取ろうとしてもOKというルールもできる

4

左右だけではなく、前後にもうまく動いて相手を翻弄してみよう。

5

隙があれば、素早く手を伸ばして相手のしっぽを取りにいく。

6

しっぽを取ったら終了。もしくは、1分間のうちに何回しっぽを取ったかで勝敗を決めても良い。

3人組でしっぽ取り

ねらい 人の位置を把握する定位能力、俊敏性が身につく

動画でチェック！

時間 or 回数 しっぽを取ったら終了 もしくは30秒〜1分／1セット **人数** 3人

手合わせフォロー組と、しっぽを取る人とに分かれて行う

手合わせフォロー組は、手と手が離れないようにしながら、しっぽを取られないように身体をコントロールする

自分の身体だけをコントロールするのではなく、フォローの相手と一緒に動くことで、1人で動くよりも身体をコントロールする能力が高まる

やり方

1 2人は手合わせフォローの状態、1人はしっぽを取る人の3人で行う。しっぽは手合わせフォローのどちらか1人につける。

2 手合わせをしたペアは、しっぽを取られないようにうまく2人で息を合わせて逃げる。

3 しっぽを取る人は、回り込む距離が長くなるので、高い俊敏性が必要になる。

[パートナーの動きもコントロールする]

2人1組になったペアのどちらかにしっぽをつけて、この2人は手合わせフォローの状態で逃げる。そこに3人目のしっぽを取る人を追加したのがこのトレーニング。ただ逃げ回るだけではなく、手合わせフォローの状態なので、しっぽを取りにくる人はどこにいるのか、どのような動きをしているのかを把握しながら、2人で息を合わせて身体を動かさなければならない。とても難易度は高いが、空間を把握する能力や人の位置を把握する定位能力、さらに俊敏性なども身につく。

しっぽを取る人は、うまくフェイントをかけたり、相手が見えない位置から素早く後ろに回り込んだりしてみよう。やってみると分かるがなかなかしっぽは取れない

手合わせペアの片方の人が、目を閉じるというルールにすると少し取りやすくなる。また、手合わせペアの移動を制限して、しっぽを取りやすくする方法もある。ペアの片方の人の移動エリアを狭くしたり、右足の位置を固定したり（ピボットのように動かすのはOK）する

運動量が高いので、リアクション能力や俊敏性に加え、体力アップも期待できる

4

手合わせをしたペアのほうが不利に見えるが、しっぽ取りの人との間にフォローの人を入れたり、回転を使ったりすればかなり有利に動ける。

5

それぞれの位置を把握したり、どうやって身体を動かせば取られないのか、もしくは取れるのかを考えたりしながら行おう。

6

動きが激しくなりすぎて衝突したり、足を踏んだりしないように注意する。

45 じゃんけんタオル奪取

ねらい 素早い判断につながる認知能力を養う

動画でチェック！

時間 or 回数 30秒〜1分／1セット もしくは5ポイント先取で勝ちなど **人数** 2人

タオルは握らず、手の平に乗せるだけ

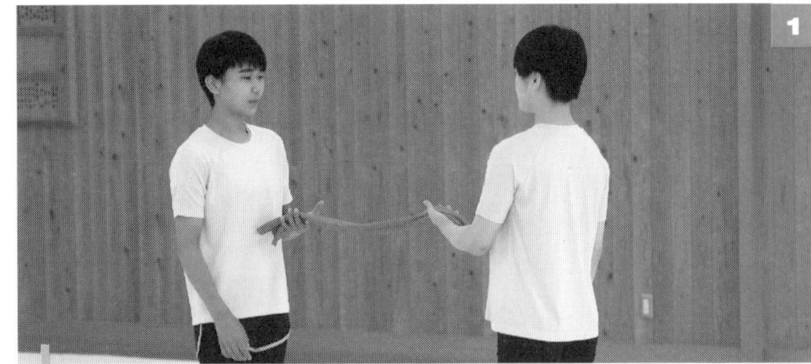

じゃんけんをして、素早く勝敗を理解することが最初のポイント

自分の状況を素早く判断し、行動する。勝ったら引く、負けたら握る

やり方

1 → **2** → **3**

1 手の平にタオルを乗せた状態で、2人で向かい合って立つ。

2 そのままタオルを握らず、じゃんけんをする。

3 勝ったらタオルを引く。負けたほうは、タオルを取られないように素早く握る（引っ張ってはダメ）。

[認知能力とリアクション能力が高まる]

タオルの両端を手の平に乗せておき、じゃんけんをする。勝ったほうはタオルを引っ張り、負けたほうは取られないようにしっかりと握る。この状況判断の認知能力、そして素早く取ったり握ったりするリアクション能力を高めることができるトレーニング。ポイントは、じゃんけんをしている時点ではタオルを握らないこと。そうすることで、勝敗が分かった瞬間にどれだけ素早く反応して、引く、握るの動作ができるかにつながる。何度も繰り返しやってみよう。

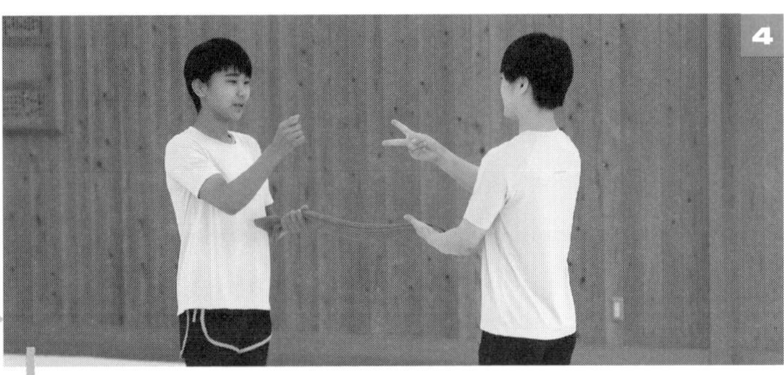

4

これを何度も繰り返し……

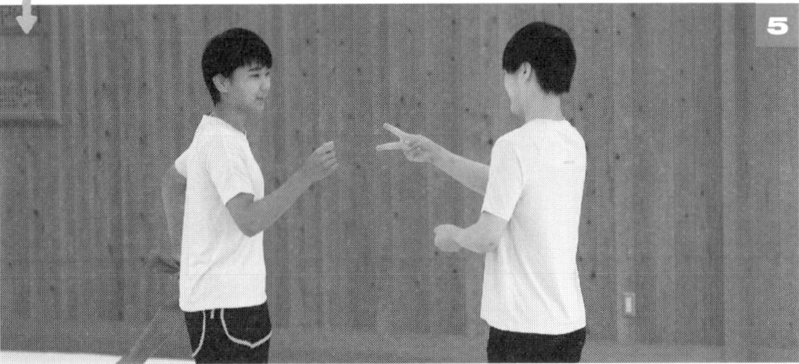

5

5ポイント先取で勝利か、1分間で何回取れるかで勝敗を決めよう。このルールに慣れた頃に、負けたら引っ張る、勝ったら握る、という逆のルールにしてみたり、あいこになったら、お互いに引っ張るというルールにしてみるのも面白い

4

勝ったほうがタオルが取れなかったらノーポイント。再度じゃんけんをする。

5

勝ったほうがタオルを取ったら、1ポイント獲得。

46 じゃんけんタオル奪取(足)

ねらい 全身を使ったリアクション能力を養う

動画でチェック！

時間 or 回数 30秒〜1分／1セット もしくは5ポイント先取で勝ちなど **人数** 2人

タオルを挟んで２人が立ち、じゃんけんをする

じゃんけんで勝ったら、素早くタオルを足で引き寄せる。負けたほうはしっかりと押さえつけよう

勝ったほうがタオルを取れないなら、もう一度じゃんけんをする

やり方

1 → **2** → **3**

1 ２人の間に縦にタオルを置いたところからじゃんけんをする。

2 勝ったらタオルを足で自分のほうに引き寄せる。負けたほうは、両足ジャンプしてタオルを踏んで押さえてディフェンスする。

3 勝ったほうがタオルを取れなかったら、そのまま続行。もう一度じゃんけんからスタート。

[素早い状況判断能力が高まる]

じゃんけんの勝敗を認知し、素早くリアクションするトレーニング。タオルを２人の間に縦に置いておき、じゃんけんで勝ったら足でタオルを引き寄せる。負けたら、タオルを取られないようにタオルを押さえつける。タオルが取れたら、1ポイント獲得。タオルの向きが縦のバージョンと横のバージョンの両方をやってみよう。縦のときはタオルを後ろに引き込む。タオルが横のときは、足も横に動かしてタオルを取ろう。

素早く後ろに蹴り飛ばすようなイメージを持つとタオルを取りやすい

素早く自分がどちらの行動をすれば良いのかを判断するのも大切なポイントになる

横向きに置くバージョン

タオルを横に置くバージョンでは、足の動かし方も縦ではなく、横に動かそう

4

じゃんけんの勝敗を素早く認知するだけではなく、足をどれだけ素早く動かせるかがポイント。

5

勝ったほうがタオルを取ったら、1ポイント獲得。

横向きに置くバージョン

タオルを横向きに置いたときは、足の使い方も変えて、足を横に動かしてタオルを取ろう。

洗濯ばさみ奪取❶・❷

ねらい リアクション能力と俊敏性が高まる

動画でチェック！

時間 or 回数 30秒〜1分／1セット もしくは洗濯ばさみをすべて取るまで　人数 2人

お互い、同じ数だけ洗濯ばさみを身体につける。大きいもののほうがお勧め

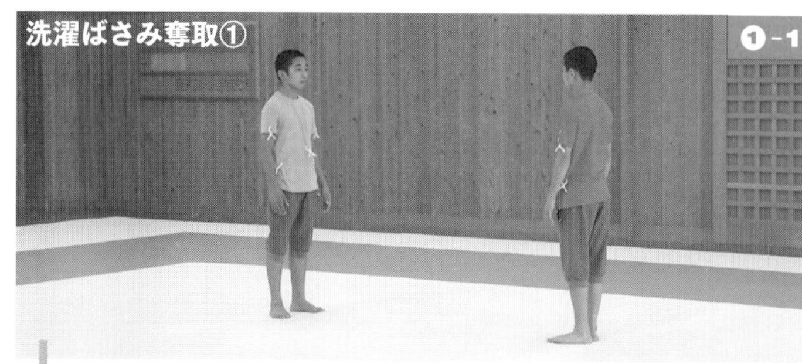

相手との距離を取りながら、自分が洗濯ばさみを取りやすい間合いを考えて動こう

取った洗濯ばさみはポケットに入れたり、エリア外に投げておいたり、または自分の身体につける

やり方

❶-1 → ❶-2 → ❶-3

❶-1 洗濯ばさみ奪取❶は、左右の肩、腰に洗濯ばさみをつけてスタート。

❶-2 お互いに状況を見ながら、相手の洗濯ばさみを取っていく。

❶-3 すべて取ったら終わり。時間を決めて洗濯ばさみを取った数で競うのも良い。

※はじめは、お互いに接触してはいけないというルールで行い、慣れてきたら相手の手や腕を掴んで、攻防してもOKというルールにしても良い

[洗濯ばさみを取り合うことで俊敏性を養う]

身体につけた洗濯ばさみを２人で向かい合った状態から純粋に取り合う。洗濯ばさみをつける場所は、主に左右の肩、腰などが良い。ほかの部分にもつけても良いが、あまりたくさんつけすぎると勝敗がつきにくくなるので、６個あたりがお勧め。また、膝を床についた状態で行う、洗濯ばさみ奪取❷では、お互いに近い位置で取り合うので、立って行うよりも上半身の俊敏性や状況判断能力が養われる。

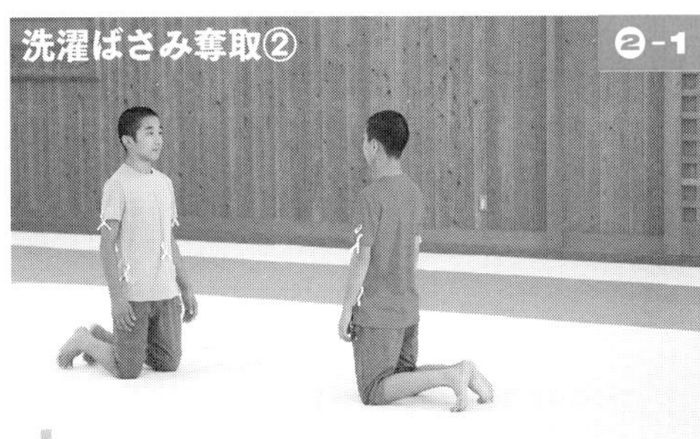

洗濯ばさみ奪取❷は、膝立ちからスタート

動きを考えて片膝立ちまではOKにしておくと良い

立った状態で行うよりも距離が近く、洗濯ばさみを取りやすい

膝立ちで行う洗濯ばさみ奪取②にもチャレンジしよう

洗濯ばさみ奪取❷を動画でチェック!

❷-1 → **❷-2** → **❷-3**

膝立ちで行う洗濯ばさみ奪取❷は、相手との距離が近いので、勝負は決しやすい。

相手の手の動きを防ぎながら、素早く相手の隙を見て洗濯ばさみを奪おう。

取った洗濯ばさみを身体につけて、そのまま時間が来るまで続行するのも面白い。様々なルールを自分たちで編み出してやってみよう。

48 くつ下奪取バトル

ねらい 状況に応じた身体の動かし方を学ぶ

動画でチェック！

時間 or 回数 30秒〜1分／1セット もしくはくつ下を取ったら終わり

人数 2人

ピッタリ背中を合わせた状態でスタートポジションを取る

合図とともに素早く反応して動き出そう

組み合うのも、くつ下を取られないためのテクニックの1つ

やり方

1 → **2** → **3**

1. 長座の状態で、背中合わせになって座るところがスタートポジション。
2. スタートの合図で、お互いのくつ下を奪い合う。
3. 立たずに膝立ち、もしくは寝姿勢のままで行う。

[普段使わない身体の使い方を覚えよう]

2人1組になって、背中合わせで長座の状態で座る。スタートの合図で素早く動き、相手のくつ下を奪う。立つのは禁止。膝立ち、もしくは寝姿勢で行うことが大切なポイント。普段使わない身体の筋肉や動かし方を学び、多様な身体の使い方を覚えよう。相手も自分と同じような動きでくつ下を取りにくるので、それをどうかわすか、どうすれば相手の後ろにつけるのかなど、頭を使って考えながら瞬時に判断して行動していこう。

うまく後ろに回り込むことができれば……

くつ下を奪い取ることが可能になる

ツメでひっかいたり、髪の毛や服を引っ張るのは反則。ケガにもつながるので注意して行おう

4

いかに相手の後ろ側に回り込むかも、ポイントになる。

5

くつ下を奪うことが目的なので、後ろから少しずつ足のほうに身体をずらしていくと良い。

6

くつ下を取ったほうが勝ち。時間を決めて行っても良いし、両足のくつ下を取ったら勝ち、というルールでも良い。

49 ボールキャッチ&アクション

ねらい リズム感を養い状況の変化に対応する

動画でチェック!

時間 or 回数 30秒〜1分/1セット　**人数** 2人

ボールはワンバウンドさせたりノーバウンドで投げたりできるように、扱いやすい大きさを選ぼう

ボールを投げる側は、ワンバウンドさせて相手にボールを届けるように投げる

受け取ったら、素早くアクションを起こして、ボールを投げて戻す。この場合はボールに足をタッチさせる

やり方

1 → **2** → **3**

1. パートナーにボールを投げてもらい、それを受け取る。
2. 受け取った側は、ルールに沿ってアクションを行う。
3. この場合はワンバウンドのボールを受けたら、足にボールをタッチしてから戻す。

[物の動きとアクションを結びつけて動く]

ペアになって、パートナーが投げたボールに対してキャッチ、そしてアクションをしてボールを戻すトレーニング。ルールを決めておくのがポイント。たとえば、ワンバウンドでボールを受け取ったら、足に一度ボールをタッチしてから戻す。ノーバウンドで受け取ったら、その場で回転してからボールを返す、など。ボールを投げる側とアクションをする側を分けても良いし、交互に役割を担ってもOK。自分たちのルールを作ってチャレンジしてみよう。

4

ノーバウンドで渡すときも、ワンバウンドさせるときも、相手が受け取りやすいところに投げよう

5

ボールを受け取ったら、すぐにルールに沿ってアクションを起こす

6

ボールの渡し方にバリエーションを増やすとアクションも増えるので難易度を上げられる。慣れてきたら、難易度を上げるために、パートナーがボールを投げる時に前後左右に散らすようにしてみよう。そして、ボールが自分の右側に来たら、右回転したり、右足にボールタッチしたりする

4

ノーバウンドでボールを受け取った場合も、ルールに沿ってアクションを起こそう。

5

この場合では、ボールを持ったまま、その場で向きをクルッと変えるルール。

6

最初はゆっくりでも良いが、慣れてきたら素早く行えるようにチャレンジしてみよう。

50 ボール足払い

動画でチェック！

ねらい 状況に応じて リズム良く身体を動かす

時間 or 回数 1〜2分／1セット **人数** 1人以上

3人で行うときは、テニスボールにつけるヒモは少し長めにしておくと良い

片方の人がボールを蹴り、真ん中の人がそれをジャンプでよける

最初は軽く蹴って、余裕を持ってジャンプをさせてあげよう。足の裏や土踏まずで蹴るとボールがスムーズに動く

やり方

1 ヒモをつけたテニスボールを用意し、そのヒモを床にテープでくっつける。くっつけた場所の正面に1人、両脇に2人が立つ。

2 両脇の人が、ボールを蹴る。すると真ん中の人が立っているところにボールが転がってくるので、それを真ん中の人はジャンプでよける。

3 反対側の人もボールを蹴り返し、真ん中の人がそれをジャンプでよける。

[ボールをリズム良くジャンプで跳び越える]

テニスボールにヒモをつけ、テープで床に固定。そのボールを足で蹴って、転がってきたボールをよけるようにしてジャンプする。1人で行う場合は、自分で蹴ったボールが返ってきたらジャンプでよける。2人で行う場合は、1人が蹴り、もう1人がジャンプでよける。3人で行う場合は、ヒモを床に固定しているところに1人が立ち、残りの2人でボールを蹴り合い、転がってきたボールを真ん中の人がジャンプで跳び越える。ボールを蹴るリズムを変化させると難易度が上がってトレーニング効果が上がる。

慣れてきたらだんだんボールを蹴るスピードを速くしたり……

ボールを蹴り出すリズムを変えたりすると良い

時間になったら、ローテーションで場所を替わって繰り返し行おう

4

同じリズムでボールを蹴り続けるのではなく、ちょっと止めてみたり、素早く蹴り返してみたり、リズムを変えることがポイント。

5

真ん中の人は、ボールの動きをしっかり目で追いながら、ジャンプのタイミングを図ろう。

6

3人で行うバージョンを紹介したが、2人で行ったり、1人でも同じようにリズム良く身体を動かすトレーニングになる。

51 ひっくり返しバトル

動画でチェック!

ねらい 全身の力を使って筋力アップを図る

時間 or 回数 30秒〜1分／1セット もしくは1回勝負　人数 2人

肘を曲げてうつ伏せになる。肘を伸ばしていると、ひっくり返すときに腕が残って、肩関節が極まって、ケガをしてしまうことがあるので注意

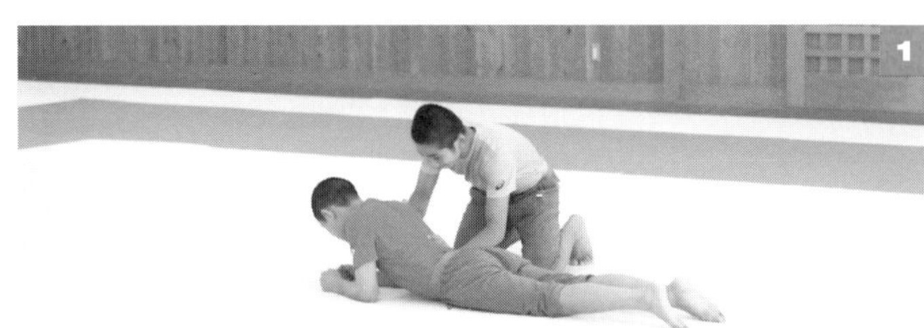

横からひっくり返すときは、わき腹から身体を押し上げるような意識を持つと良い

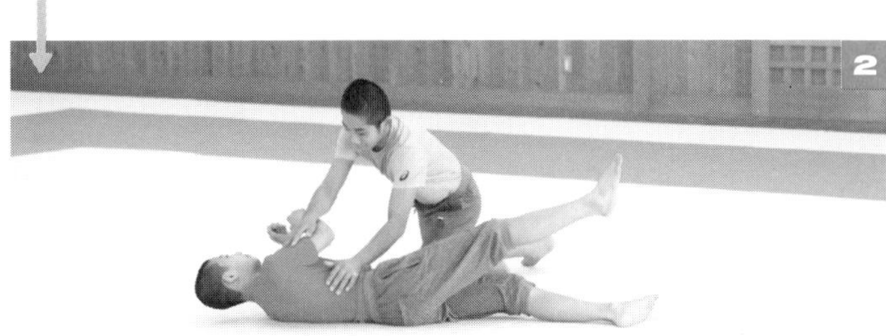

後ろから抱えられたときは……

やり方

1 1人がうつ伏せの状態になり、もう1人がそれをひっくり返す。うつ伏せの人は肘を曲げて床につけた状態になる。

2 ひっくり返す人は、相手が痛がることでなければどんな方法でも良い。とにかくうつ伏せの人をひっくり返せばOK。

3 横から押してみたり、胴体を抱えるようにしてひっくり返すのもあり。

[寝姿勢でバランスを取る感覚を養う]

1人がうつ伏せの状態になり、もう1人がそれをひっくり返す。うつ伏せの状態で耐えるためには、体幹の力が必要なのと、相手がひっくり返そうとしてきたときに、重心を移動させてバランスを取ることが重要なポイント。普段行わない寝姿勢の状況で運動を行うことで、様々な身体の使い方を覚えることができる。ひっくり返し方はどんなやり方でもOK。ただ、首や肩などの関節を無理やり引っ張ってケガをさせないこと。特に首、顔、肩は注意して行おう。

うつ伏せの人は、引っ張られる方向とは逆の方向に重心を移動させるように踏ん張ってみよう。すると耐えることができるはず

ひっくり返す人は、力任せに引っ張るのではなく、重心の移動をうまく使ってひっくり返そう

4

うつ伏せの人は、体幹に力を入れつつ、引っ張られる方向とは反対の方向に重心を移動させると、耐えることができる。

5

ひっくり返す人は、相手が耐えている状態でも、重心移動をうまく使うとひっくり返すことができる。

52 スタンドアップバトル

ねらい バランス能力と全身の力を養う

動画でチェック!

時間 or 回数 30秒〜1分／1セット もしくは1回勝負　人数 2人

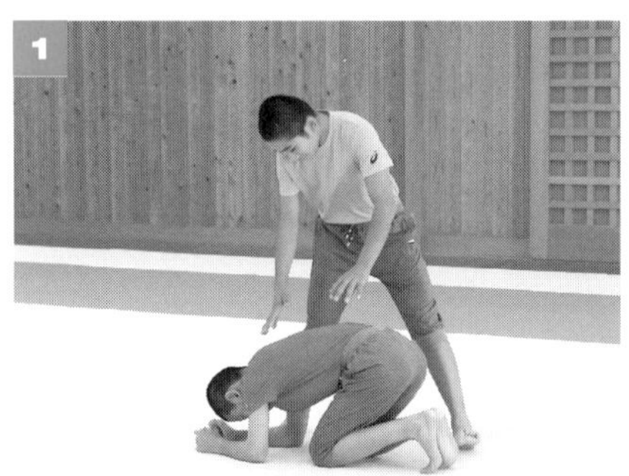

四つん這いで小さくなった状態から、ゆっくりと立ち上がろう

阻止する人は、どこを押さえたら立ち上がりにくいのかを考えて妨害しよう

立ち上がる人は、ゆっくりで良いので立ち上がっていこう

やり方

1

1人はうつ伏せになったり、四つん這いで小さくなった状態（亀）になったりするところからスタート。

2

もう1人は、うつ伏せになっている人の上から覆い被さるようにして、立ち上がるのを阻止する。

3

立ち上がる人は、阻止してくる相手に対応しながら、ゆっくり立ち上がろう。

[相手の動きに対応しながらバランスを取る]

1人がうつ伏せ、もしくは亀のように丸まった状態からスタートし、ゆっくりと立ち上がる。もう1人は、それを阻止。阻止する人は、どうやれば相手のバランスが崩れるかを考えて、あらゆる場所から相手のバランスを崩す方法を試してみよう。立つ人は、阻止される動作に対してバランスを取り、下半身や体幹にしっかりと力を入れて、ゆっくりで良いので立ち上がる。阻止するほうは無理につぶして相手にケガをさせないように注意。

4 うつ伏せからより四つん這いのほうが立ち上がりやすいことが分かる

5 阻止する人は、自分の体重のかけ方、力の入れ方を考えることが重要

6 最後まで立ち上がったら、立ち上がる人の勝ち。時間までに立ち上がれなかったら、阻止する人の勝ちになる。応用編で、立ち上がる側の人が仰向けで寝た状態から、スタートするパターンもある。柔道の抑え込みのような形になるので、なかなか立ち上がれない

4 うつ伏せ、膝つき四つん這い、手と足での四つん這い、の順番で起き上がると力が入りやすい。

5 無理に立ち上がろうとして腰を痛めないように注意する。また阻止する人も、無理に体重をかけないこと。ケガをさせないことが第一条件。

6 完全に立ち上がるところまで頑張ってみよう。

53 頭タッチバトル

ねらい 寝姿勢で身体をコントロールする能力を養う

動画でチェック!

時間 or 回数 20〜30秒／1セット もしくは5回タッチで終了　人数 2人

仰向けの守備側は、お尻を支点にしながら、向きを変える、後ろに転がるの2つが武器

対して攻撃側は、素早く横に回り込む俊敏性がポイント

追いかけると見せかけて反対側に回り込むなど、うまくフェイントを使うことが攻撃側のコツ

やり方

1

1人が仰向け、もしくは座った状態になり、もう1人が立った状態からスタートする。

2

立っているほうが攻撃側、座っているほうが守備側。

3

攻撃側は、守備側の頭をタッチすれば1ポイント。制限時間内にどれだけタッチできるかを競う。

[相手の動きに素早く反応するのがコツ]

1人は仰向け姿勢で、もう1人は立った状態でスタート。立っているほう（攻撃側）が、仰向け姿勢になっているほう（守備側）の頭をタッチしにいく。守備側は身体向きを変えたり、転がったりしてよける。制限時間を決めて、何回タッチできたかで競うと良い。攻撃側は、正面からマウントを取ったり、上から叩くようなことはNG。必ず横から回り込んでタッチするようにしよう。守備側は、背中側に転がったり、身体の向きを変えたりして相手の動きに素早く反応するのがポイントになる。

守備側は攻撃側の動きをよく観察すること。横に回り込まれないように、身体の向きを変えたり転がったりしよう

攻撃側は素早く横に回り込むと同時に、一歩前に踏み出すのがポイント

タッチしたら、一度距離を保って再スタートする

4

5回タッチしたら終了、というように、回数で決めてもOK。

5

攻撃側は素早く横から回り込むようにすると、タッチ数を増やせる。

6

守備側は、攻撃側の動きに素早く反応して身体の向きを変えたり、背中側に転がったりしてよけよう。

54 足タッチバトル❶・❷

ねらい 相手の状況を瞬時に判断して行動する

動画でチェック！

時間 or 回数 20〜30秒／1セット もしくは5回タッチで終了　人数 2人

うつ伏せの状態だと、攻撃側の全身を見ることは難しいが、足もとを見れば位置や動く方向が把握できる

お腹を支点にしながら守備側は向きを変えてよける。攻撃側はその動きを読みながら、左右に素早く回り込む

タッチするのは、くるぶしから下の部分。ふくらはぎ、太ももはタッチしてもノーポイント

やり方

❶-1 → ❶-2 → ❶-3

❶-1 足タッチバトル❶は、守備側がうつ伏せの状態でスタート。

❶-2 守備側はお腹を支点にして回転して、足を触られないようにする。

❶-3 攻撃側は、時折フェイントを交えながら、左右に回り込みながら足をタッチする。

[全身をスムーズにコントロールする]

頭タッチゲームの足バージョン。異なるのはディフェンス側の体勢。頭タッチゲームは仰向けだったが、足タッチの場合はうつ伏せで行おう。攻撃側は、守備側の身体に乗っかってしまったりしないように注意しよう。応用編として、頭タッチゲームと足タッチゲームをミックスして行っても良い。守備側が仰向けのときは頭を、うつ伏せのときは足を狙う。攻撃側が、守備側の体勢を見て瞬時に判断して攻撃の仕方を切り替える敏捷性や冷静な判断力が養える。

❷-1 足タッチバトル②

頭タッチと足タッチをミックスした足タッチバトル❷は、守備側の動きを攻撃側がしっかり見極める必要がある

❷-2

攻撃側も守備側も、相手の出方で自分の動作を切り替える必要があり……

❷-3

敏捷性と状況判断能力のトレーニングにもなる

頭タッチと足タッチをミックスした足タッチバトル②にもチャレンジしよう

足タッチバトル❷を動画でチェック!

❷-1 → ❷-2 → ❷-3

❷-1 頭タッチと足タッチをミックスさせる足タッチバトル❷は、守備側の体勢によってタッチの位置を変える。

❷-2 仰向けなら頭タッチ、うつ伏せなら足タッチと、攻撃側が素早くタッチの仕方を切り替える必要がある。

❷-3 守備側も、足にタッチされそうになったら素早く身体を反転させて仰向けになるなど、瞬時に判断して身体を素早く動かそう。

55 マーカー奪取

ねらい リアクション能力と俊敏性が高まる

動画でチェック!

時間 or 回数 30秒〜1分/1セット もしくは3ポイント先取で勝ちなど **人数** 2人以上+指示者

ペアで行う場合は、真ん中にマーカーを置く。マーカーがなければ、写真のようにタオルでもOK

指示者は様々な指示を出す。ジャンプだったり転がりだったり。指示が一辺倒にならないように気をつけよう

ランダムに、「マーカー(タオル)」の指示を出す。指示者は不意をつくように指示を出そう

やり方

1 → **2** → **3**

1 2人で行う場合は、真ん中にマーカーを置く。

2 指示者の指示に従って行動。写真はバービー。

3 「マーカー(タオル)」と指示を出されたら、素早くマーカーを取る。取ったほうが1ポイント獲得。同時に取った場合はノーポイント。

[指示者の声に素早く反応するのがコツ]

指示者が出す指示に従って動き、「マーカー」と言ったら、真ん中に置いておくマーカーを取る。2人で行う場合は、ペアの真ん中にマーカーを置く。3人以上で行うときも、同じように真ん中に置いて行おう。4人で行うときは、マーカーを4つ用意して行ってもOK。指示者が出す指示が一辺倒にならないように注意。バービーやジャンプ、転がる、など、動作にバリエーションを持たせることも重要。

3人以上でも同じように行える。写真は4人で行った場合

指示をいろいろ出して困惑させてから……

「マーカー」の指示を出す。その声にどれだけ素早く反応できるかがポイントになる

4人バージョン 1 → 4人バージョン 2 → 4人バージョン 3

4人でも行うことが可能。4つのマーカーを用意し、ヒモでつないでおくと取れた人、取れなかった人が明確になる。

ジャンプの指示を出したり、バービーの指示を出したりしよう。

「マーカー」の指示で目の前のマーカーを取る。

56 お宝隠し

ねらい
寝姿勢でのバランス能力と重心移動の感覚を養う

動画でチェック!

時間 or 回数 30秒〜1分／1セット もしくは5ポイント先取で勝ちなど 人数 2人

お宝を用意し（テープを貼る）、それを隠す守備側と奪う攻撃側を決めよう

決まったら、守備側はしっかりとお宝を覆い隠す。自分がひっくり返されにくい体勢で守ろう

攻撃側は体重移動を使いながら、守備側をひっくり返したり、どかしたりする

やり方

1 → 2 → 3

1. まずはお宝を用意する（テープを貼る）。
2. 守備側と攻撃側を決め、守備側は身体でお宝を覆い隠す。
3. 攻撃側は、守備側の身体をお宝から引き離し、お宝が見えるようにオープンにするか、お宝を奪って覆って隠す。

[相手の動きに対応しながらバランスを保つ]

床にテープを貼り、それをお宝に見立てる。お宝を隠す人、それを奪う人となって、1対1でお宝を奪い合う。守備側が、最初にお宝を身体の一部で覆い隠すところからスタート。それを攻撃側が時間までに奪う、もしくはハッキリとお宝が見える状況にすれば勝ち。長い時間で行うよりも、20秒程度の短さがちょうど良い。守備側は相手の動きに合わせて重心を移動させたり、バランスを保ったりしてお宝を守り、攻撃側は相手のバランスをいかに崩すかを考えてやってみよう。

4 力の調節をして、フェイントをかけるのもうまくひっくり返すコツ

5 守備側をひっくり返したら、攻撃側がしっかりとお宝を確保しよう

6 無理やり相手を起こしてケガをさせないように注意

→ 4 → 5 → 6

4 守備側は、ひっくり返されたり、どかされたりしないように重心移動や全身の力を使って耐える。

5 もし時間の途中で守備側が攻撃側に敗れたら、そこで終わりでも良いし、攻守を交代するルールにしても良い。

6 攻守を交代するルールで行うときは、制限時間内で攻防を続けよう。

57 うつ伏せマーカータッチ

ねらい 素早く動きを切り替える俊敏性を養う

動画でチェック！

時間 or 回数 30秒〜1分／1セットでタッチ回数を競う　**人数** 2人＋審判役

マーカーの幅は、攻撃側（写真左）より守備側（写真右）を少し狭くする。体力の差に応じてこの距離を調節する

攻撃側は守備側よりも先にマーカーにタッチできればポイントゲット

守備側がマーカーにタッチしている間、攻撃側はそのマーカーと同側のマーカーでは、ポイントが取れない

やり方

1

自分たちの左右にマーカーを置いて、攻撃側と守備側に分かれて向かい合ってうつ伏せになった状態からスタート。

2

守備側は攻撃側の動きを見て、左右どちらかのマーカーにタッチするか予想しながら動く。

3

守備側は、攻撃側がマーカーをタッチする前に、同側のマーカーにタッチする。タッチしている間は攻撃側のポイントが無効になる。

[相手の動きを素早く把握することがポイント]

自分の左右にマーカーを置き、その中央にうつ伏せになる。1人が指示者となったら、その指示者の動きのマネをしてマーカーを触る。たとえば、指示者が転がってマーカーにタッチしようとしたら、それを受け手が瞬時に判断し、指示者よりも素早く動いてマーカーにタッチする。指示者の動き方は回転したり四つん這いになってから動いたり、バリエーションを持たせることで、受け手のリアクション能力や俊敏性を高めるトレーニングになる。

攻撃側よりも先にタッチするのは難しいが、動作を素早く察知して動こう

攻撃側は、フェイントを入れながら様々な動きをしよう

お互いに素早くマーカーをタッチしにいこう。俊敏性やリアクション能力を養える

4

守備側は攻撃側と同じ動作で移動する。たとえば、攻撃側がうつ伏せで移動する場合は、同じくうつ伏せで移動する。

5

マーカーをタッチしたら、必ず一度中央に戻ってからスタート。攻撃側の動きを素早く察知し、攻撃側よりも素早く動いてマーカーに向かおう。

6

審判を1人立てて、どちらが先にタッチしたかを公平にジャッジしてもらおう。

58 ペアボール運び

ねらい 相手に合わせる身体の使い方を覚える

動画でチェック！

時間 or 回数 スタートとゴールを設定して競う　人数 4人以上

2人1組になって、どちらが速くボールを転がしてゴールするかを競う

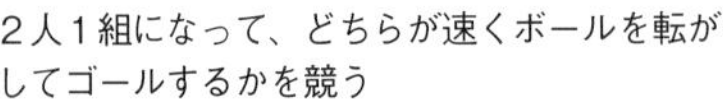

手合わせフォローでパートナーと一緒に動くことに加えてボールのコントロールが入るので複合的な運動になる

動作が複雑になってもこなせるようになれば、身体のコントロール能力も上がっていく

やり方

1 手合わせフォローの状態で、ペアの真ん中にボールを置く。

2 そのボールを2人で足を使って転がしながら競争。

3 写真ではスタート、ゴール地点は同じにして、折り返し地点を作って行っている。

[スムーズにボールを動かせる動作を感じ取る]

２人１組になって、両手を合わせたり（手合わせフォロー）、手を組んだりした状態で、ボールを足で転がしながら競争する。ボールを遠くに蹴らず、常に２人の間にある状態を維持するようにする。スタート地点とゴール地点を決めて、速くボールを転がしていけるかを競う。肩に力を入れず、リラックスした状態でボールをコントロールすることが大切。ペアで協力し合い、ボールを２人でコントロールするのがコツ。

ボールは蹴るよりも、足で動かしながら、常にペアの間でコントロールすること

速さも大切だが、ペアで協力すること、正確さが大切

どうすれば素早く動けるのか、ボールをコントロールできるのかをペアで話し合いながらやってみよう

4
焦らず、ペアで力とスピードを合わせることが、ボールをうまくコントロールするコツ。

5
ボールを強く蹴らずに、足で転がして、常に２人の間にボールがある状態を作るようにする。

6
手合わせフォローが難しければ、手を組んだ状態で行ってもOK。

59 テープ貼り鬼ごっこ

ねらい 相手の隙を突く俊敏性が身につく

動画でチェック！

時間 or 回数 1～2分／1セット　人数 4人以上

テープは片手に1つずつ持てる。最初は2つのテープを持って構える

手持ちのテープがなくなったら、基地（スタート地点）に戻って補充する

相手に近づくと貼りやすいが、同じように相手からも貼られやすくなるので注意が必要

やり方

1 基地（スタート地点）にテープ置き場を作り、左右の手にはそれぞれ1枚ずつテープを持つ。

2 スタートしたら、テープを相手の背中に貼りつける。

3 自分が貼ることばかり考えていると、逆にテープを貼られたり、仲間がテープを貼られたりしてしまう。

[全力で動いて全身持久力を高める]

複数人で行う、相手の背中にテープを貼りつける鬼ごっこ。テープは基地（スタート地点）にあるイスや机などに貼りつけておき（テープの数は相手チームと同じにしておく）、手には１枚ずつしか持ってはいけない。手持ちのテープがなくなったら、基地（スタート地点）に戻ってテープを取って、また相手の背中を追いかける。貼ることに夢中になっていると、守備がおろそかになってテープを背中に貼られてしまう。かといって、守ってばかりだと勝てない。チームで協力し、素早く相手の背中に回り込みテープを貼っていけるかがポイントになる。

それぞれの位置や動きを客観的に把握すると、どのように動けば良いか分かる

空間把握能力や、素早くテープを貼るための俊敏性、リアクション能力を養える

運動量も多いので、体力アップにもつながる

4

相手の動きを冷静に見極めつつ、自分たちは協力してテープを確実に貼っていくことが戦略のポイント。

5

１人の相手に対して、２人で協力して同時に攻撃するのも作戦の１つ。

6

制限時間内に、テープをたくさん貼りつけたほうが勝ちとなる。

ボール壁当てHIIT

ねらい 全身持久力を向上させる

動画でチェック！

時間 or 回数 8種目で4分間（1種目20秒＋10秒休憩）※もしくは体力に応じて回数を設定する

人数 1人

ボールを投げてキャッチをしてから、横にステップ

ステップしてから、足払いのように内側から外側に向けて足を払う。これが1つ目

2つ目はワイドスクワット。ボールを投げてキャッチと同時に……

しっかりと腰を落とす。足を肩幅の2倍程度に開いておこう

やり方

1 → **2** → **3** → **4** →

1 ボールを壁に当ててからキャッチしたら、横にステップ。

2 ステップ後に内側の足で外側に払うようにしてから、また中央に戻ってボールを壁に投げるを繰り返す。

3 ボールを高めに投げてからキャッチ。

4 キャッチすると同時に腰を落としてワイドスクワットをする。

[体力アップにも効果的な総合トレーニング]

HIIT（ヒート）とは、ハイ・インテンシティ・インターバル・トレーニングの略。つまり、強度の高い運動と短い休息を交互に繰り返し行うトレーニングのこと。ボールHIITは、ボールを壁に当てながら、8種目の運動を行う。ただ8つの動作を行うだけではなく、ボールを壁に当てながら行うことで、複合的に身体に刺激を入れることができ、身体のコントロール能力が向上する。全身持久力アップに非常に効果的なので、ぜひチャレンジしてみよう。

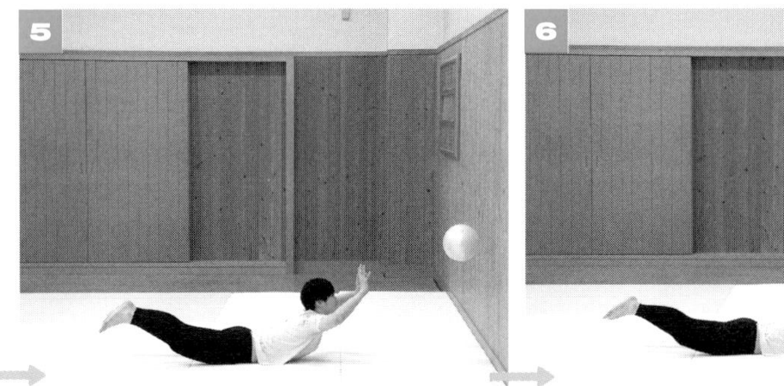

3つ目は背筋。背筋をして身体を反らせると同時にボールを投げて……

キャッチしたら身体を下におろす

4つ目は横に転がる動作。ボールを投げてキャッチをしたら、横を向いてから背中側に向けて転がる

反対側も同じようにして行おう

→ **5** → **6** → **7** → **8** →

5 背筋をしながら、身体を反らせてボールを投げる。

6 キャッチしたら身体を下ろして、また背筋をしながらボールを投げる。

7 ボールを壁に投げてキャッチをしてから、身体を横に向けて転がる。

8 背中側から転がったら、すぐに起き上がってまたボールを投げて、反対側に転がる。

ボール壁当てHIIT

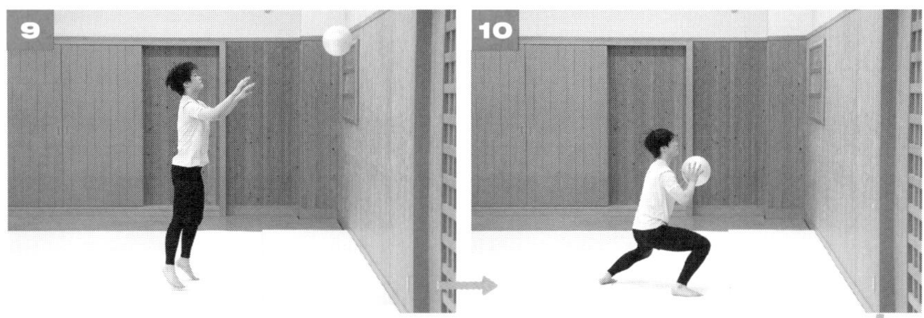

5つ目は、ジャンプしながらボールを投げて、キャッチと同時に足を前後に開いてワイドスクワット

右足前、左足前を交互に行おう

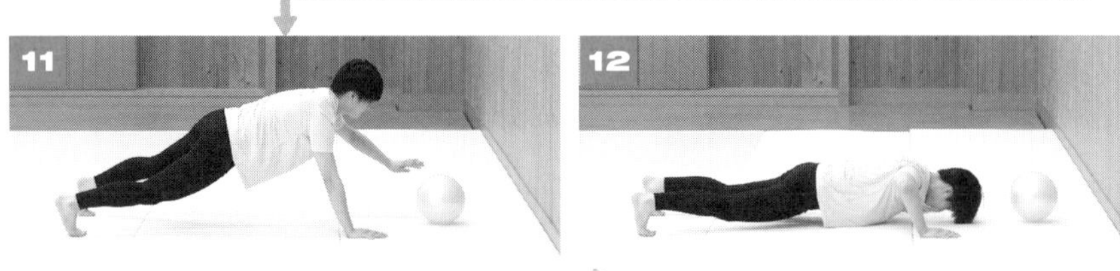

6つ目の種目は腕立て伏せ。片手でボールを壁に向かって転がしてから……

1回腕立て伏せをする。反対側の手でも同じようにやろう

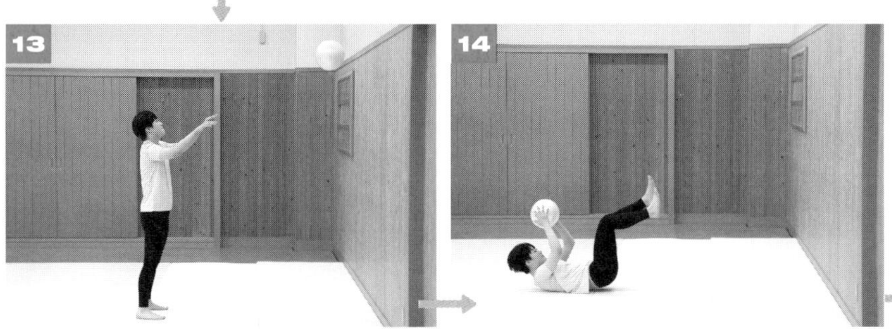

7つ目は後ろに転がる動作。ボールを投げて、キャッチすると同時に……

後ろに腰を落としてごろりと転がる。アゴを引いて頭を床にぶつけないように

やり方

9 → 10 → 11 → 12 → 13 → 14 →

9 ジャンプしながらボールを壁に投げて、キャッチすると同時に足を前後させながらワイドスクワットを行う。

10 左右交互に行いながら、ジャンプしてボールを壁に投げるを繰り返す。

11 片手でボールを壁のほうに転がしてから、腕立て伏せを1回行う。

12 腕立て伏せをしたら、反対の手でボールを壁に転がして、また腕立て伏せを1回行う。これを繰り返す。

13 ボールを壁に投げてから、キャッチをしたと同時に後ろに向けて転がる。

14 ボールを目で見て、頭と背中を丸めて転がろう。

ねらい 全身持久力を向上させる

15

最後の8つ目は、回転。ボールを投げてキャッチしたら、その場でクルッと右回転して後ろを向く

後ろを向いたら素早く戻り、またボールを投げて、次は左回りでクルッと後ろを向く。これを繰り返す

EXでレベルアップ！

柔道の要素を取り入れたHIITに挑戦！

柔道の技や自護体などの型をHIITに取り入れたものが柔道HIIT。ボール壁当てHIITと同じように、総合的な運動能力が身につく。動画内では、①後ろに倒れて立ち上がる、②自護体ジャンプ（サイド）、③自護体ジャンプ（前後）、④体落としつま先タッチ、⑤足上げつま先タッチ（大外刈り）、⑥スクワットサイドジャンプ（背負い投げジャンプ）、⑦ジャンピングサイドステップ（内股ジャンプ）、⑧バービー運動を組み合わせたものを行っている。自身の体力、目的に応じて、無理がないようにプログラムを組もう。

→ 15 → 16

ボールを壁に当ててキャッチをしたら、右回りで後ろを向く。

後ろを向いたら素早く戻り、またボールを壁に当ててキャッチしてから、今度は反対回りで後ろを向いて、戻る。

コーディネーショントレーニングを行う上で、よくある８個のQ&Aをまとめてみました。ぜひ参考にして、自分自身のトレーニングにも役立ててみてください！

Q1

コーディネーショントレーニングは1人でもできるの？

できます！

２人以上で行うものが多いコーディネーショントレーニングですが、１人で行うものもあります。２人で行うと紹介しているものでも、やり方を工夫すれば１人でもできるトレーニングもありますのでチャレンジしてみてください。

Q2

時間や回数は必ず守らないといけない？

時間や回数は自分で自由に決めてもOK！

本書で紹介している時間や回数は、あくまで目安です。体力レベルや、行える時間によって臨機応変に決めてください。ただ、できれば紹介した時間や回数は最低ラインとして行ってもらったほうが効果は実感できると思います。

Q3

指定された道具は必ず使ったほうが良い？

代わりのものを使ってもOK！

たとえばテニスボールは、同じ大きさのビニールボールだったり、新聞紙を丸めてテープで留めたようなものでも構いません。

Q4

屋内で行うときはマットは必要？

必ず必要なわけではありません！

でも､転がったり､倒れたりする可能性があるプログラムでは､固い床で行うよりも､柔らかいマットなどがあったほうが身体に優しいのでお勧めです。マットがない場合､転がらないトレーニングをチョイスして行ったほうが良いと思います。

Q5

膝に痛みがあるんですけど、上半身を使うトレーニングはやっても良い？

無理はしないでください！

上半身を中心に行うトレーニングもありますが、バランス能力を向上させるものが多いので、どうしても下半身を使うトレーニングが多くなります。特に膝はバランスが崩れたときに踏ん張ったり、一歩大きく踏み出して身体が倒れるのを防いだりするのに使います。下半身に痛みがある場合は無理をせず休んで、痛みが取れたら徐々に再開していきましょう。

Q6

人数が足りなくて３人以上のトレーニングができないけど、やらなくても大丈夫？

大丈夫です！

必ずすべてやることが、コーディネーショントレーニングの目的ではありませんし、大人数でできるトレーニングができないからといって、７つの能力が鍛えられないこともありません。２人なら２人で、１人なら１人でできるトレーニングを行い、コーディネーション能力を向上させましょう。

Q7

屋外でやっても大丈夫？

もちろん大丈夫です！

ケンケンで競争したり、しっぽ取りバトルやテープ貼り鬼ごっこなどは、広い場所があったほうが面白いので、屋外でぜひやってみてください。ただし、転がる系のトレーニングは、芝生など柔らかい環境がないと難しいです。安全に転がることができる環境かどうか判断してください。

Q8

靴は履いたほうが良い？

どちらでもOKです！

屋内でも体育館などのつるつるの床で行うなら、屋内シューズを履いたほうが良いでしょう。もし畳や大きめのマットの上で行えるのであれば、はだしになると良いですね。足先を使うコーディネーショントレーニングは、ぜひ、はだしで行いましょう。屋外ならもちろん運動靴がお勧めです。

おわりに

この本は新型コロナウイルスが猛威をふるう中で作られました。人と人との距離を保つことが必要となり、私たちが働く教育現場や柔道界も大きな困難に直面しました。

今までの当たり前が奪われたとき、仲間と思い切り身体を動かして遊ぶことがどれだけ楽しいことだったのか、それが人にとってどれだけ必要なことだったのかを痛感しました。

こんなときだからこそ、子どもたちが楽しく身体を動かすキッカケを作りたい。そう決心した私たちは、楽しく身体を動かすトレー

ニングを考案することにしました。留意したのは、誰でも、どこでも、1人でも大勢でもできること。そして、人との距離を保ってもできることです。考案した沢山のトレーニングの中から厳選したものをこの本にまとめました。

この本を手に取ってくれたあなたや周りの人が身体を動かす喜びをたくさん感じることができますように。そしていつの日か、あなたと一緒に思い切り遊べる日が来ますように！

著者一同

著者プロフィール

久保田 浩史

(くぼた・ひろし)

1978年2月12日群馬県出身。高崎高校、筑波大学卒業。同大学院の修士課程修了。金沢大学大学院博士課程修了。筑波大の準研究員として勤めながら、柔道部コーチも勤める。水戸葵陵高監督、岐阜大学柔道部監督を経て、現在は東京学芸大学准教授及び柔道部監督として学生を指導、2018年には東京学生柔道優勝大会の初優勝に導いた。

佐藤 愛子

(さとう・あいこ)

1983年10月18日北海道出身。旭川南高校、筑波大学卒業。同大学院の修士課程修了。現役時代は女子柔道の選手として、世界選手権などで数々の優秀な成績を収める。北京五輪の代表選手にも選出された。現在は東京女子体育大学の教員及び柔道部監督として、後進の育成に励んでいる。

丸山 照晶

（まるやま・てるあき）

1994年5月2日長野県出身。埼玉栄高校、東京学芸大学卒業。同大学院の修士課程修了。大学院在学中に、楽しく安全に柔道を学ぶ教材、「じゃんけん柔道」プログラムを開発。現在は私立フェリス女学院中学・高等学校の保健体育科教諭。

モデル協力

左から藤田菜奈世さん、早坂麗鈴さん、洲崎淳志さん、福地駿多朗さん

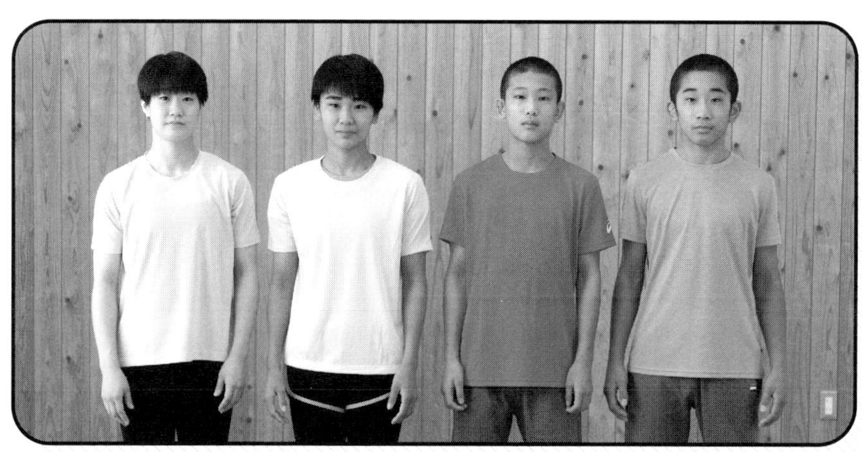

子どもの身体の動きが劇的に変わる
コーディネーションゲーム60

2021年1月31日　第1版第1刷発行
2023年1月31日　第1版第4刷発行

著　者　久保田 浩史／佐藤 愛子／丸山 照晶
発行人　池田 哲雄
発行所　株式会社ベースボール・マガジン社
〒103-8482 東京都中央区日本橋浜町2-61-9
TIE 浜町ビル

電　話　03-5643-3930（販売部）
03-5643-3885（出版部）
振替口座　00180-6-46620
https://www.bbm-japan.com/

印刷・製本　共同印刷株式会社

Printed in Japan
ISBN 978-4-583-11332-6 C2075